AF448548

RUT

PENSAMIENTOS PERSONALES
& PASTORALES

JUAN MANUEL VAZ

AGRADECIMIENTOS

A Dios, quien envió a su Hijo a salvarme y redimirme, quien me sostiene y guía.

A *Clicia*, mi amada esposa, quien me apoya y acompaña.

A *Caminando Por Fe*, iglesia a la que sirvo y que me mueve a preparar estos materiales.

INTRODUCCIÓN A LA SERIE

Esta serie de *pensamientos personales y pastorales* tiene como propósito enseñar a los creyentes las verdades bíblicas que se encuentran en las Escrituras de una forma práctica y sencilla para que así puedan crecer más en la madurez cristiana.

No hay un solo versículo de las Escrituras que no sea útil para una vida correcta en la fe y la práctica como creyentes, por lo tanto, aquí podrás encontrar valiosas reflexiones a cada capítulo y versículo.

Estos escritos provienen de la pluma de un pastor que ama profundamente al Señor y a Su iglesia. El Pastor Juan Manuel Vaz ha llevado fielmente la carga del ministerio por varios años y este libro hace parte del resultado de su labor.

Cada lector se verá grandemente beneficiado de estos pensamientos al meditar en ellos de manera sincera.

CONTENIDO

CAPÍTULO 1

CUANDO TODO EMPEORA POR MOMENTOS

> **RUT 1:1-5**
>
> Aconteció que en los días en que gobernaban los jueces, hubo hambre en el país. Y un hombre de Belén de Judá fue a residir en los campos de Moab con su mujer y sus dos hijos. Aquel hombre se llamaba Elimelec, y su mujer se llamaba Noemí. Los nombres de sus dos hijos eran Mahlón y Quelión, efrateos de Belén de Judá. Y llegaron a los campos de Moab y allí se quedaron. Y murió Elimelec, marido de Noemí, y quedó ella con sus dos hijos. Y ellos se casaron con mujeres moabitas; el nombre de una era Orfa y el nombre de la otra Rut. Y habitaron allí unos diez años. Murieron también los dos, Mahlón y Quelión, y la mujer quedó privada de sus dos hijos y de su marido.

Introducción

Soy un degustador del buen cine, me encanta disfrutar en tiempos de descanso de una buena película. Algo que siempre he podido notar en el cine es la amplia gama de géneros o temáticas que existen dentro del mismo. Desde acción, aventura, terror, infantiles o de ciencia ficción, hasta romance, comedias y dramas.

Debo reconocer que existen ciertas categorías que no suelo observar con frecuencia, y una de las que menos me agrada, junto con el terror, es el drama.

Nunca he disfrutado del hecho de sentarme durante noventa minutos o más delante de una pantalla a contemplar escenas que me entristecen, me hacen llorar de angustia o me dejan un sentimiento de pena en el corazón. No disfruto de estar viendo una y otra vez las angustias de los personajes. Ver el desenlace es todavía más duro y triste que la trama de la película.

Un día, hablando con un conocido sobre esto, me hizo pensar en mis motivaciones a la hora de escoger ciertos géneros y me planteó una pregunta: ¿Buscas evadirte de la realidad y ver solo el lado bueno de las cosas o eres capaz de ver una película que refleje la realidad de muchas vidas? Si buscas lo primero, entonces mira películas de drama, puesto que son la pura realidad de personas que están a nuestro alrededor.

Ciertamente, muchas películas de comedia, romance o de ciencia ficción no mostrarán, como las dramáticas, la gran frase de 'basada en hechos reales' al principio de las mismas.

¿Cómo puede un Dios tan infinitamente bueno como el nuestro permitir dramas tan trágicos en la vida de tantas personas? No es la primera ni la última vez que escucharemos este tipo de preguntas. Sin embargo, estas dudas surgen debido a que las personas que las plantean no conocen las consecuencias y el origen de todos los dramas del hombre: el pecado.

El libro de Rut es una historia que comienza con un drama terrible, y no se trata de una película, sino de un relato basado en hechos reales, sin embargo, como el drama de todos los creyentes, es un libro que terminará con una preciosa historia de amor y redención.

Quizá al inicio de nuestra historia la tristeza alcance nuestros corazones, pero podemos garantizar que al final de la misma, el gozo y la gratitud estarán rebosando en cada uno de nosotros.

Empecemos entonces analizando el escenario principal de nuestra historia.

Tiempos oscuros

Aconteció que en los días en que gobernaban los jueces, hubo hambre en el país. — Rut 1:1a

---

Lo primero que nuestro texto nos muestra es el panorama. Por un lado, el tiempo en el que se encontraban era el tiempo de los jueces, y por otro lado, existía una situación de hambruna en la zona donde los personajes de nuestra historia residían.

¿Cómo era el tiempo de los jueces?

Cuando nosotros leemos el libro de Jueces comprendemos una época que transcurre desde la muerte de Josué hasta los tiempos del profeta Samuel.

Este tiempo fue, entre otros, uno de los más oscuros de la vida del pueblo de Dios.

Entonces el SEÑOR levantó jueces que los libraron de la mano de los que los saqueaban. Con todo no escucharon a sus jueces, porque se prostituyeron siguiendo a otros dioses, y se postraron ante ellos. Se apartaron pronto del camino en que sus padres habían andado en obediencia a los mandamientos del SEÑOR; no hicieron como sus padres. Cuando el SEÑOR les levanta-ba jueces, el SEÑOR estaba con el juez y los libraba de mano de sus enemigos todos los días del juez; porque el SEÑOR se compadecía por sus gemidos a causa de los que los oprimían y afligían. Pero acontecía que al morir el juez, ellos volvían atrás y se corrompían aún más que sus padres, siguiendo a otros dioses, sirviéndoles e inclinándose ante ellos; no dejaban sus costumbres ni su camino obstinado. — Jueces 2:16-19

Veamos algunas de las cosas que se relatan en las Escrituras de la vida del pueblo en aquel entonces.

i. *No escucharon a sus jueces:* En primer lugar, encontramos un tiempo de desobediencia completa a las autoridades. Nuestro texto muestra cómo Dios había otorgado jueces para la nación, sin embargo, el pueblo hacía caso omiso de sus instrucciones, no los respetaba, los pasaba por alto e ignoraba prestarles la atención debida. Corazones desobedientes a las autoridades del momento era una de las primeras características del pueblo en aquel entonces.

ii. *Se prostituyeron:* Uno de los mayores pecados que Dios ha aborrecido a lo largo de la historia del pueblo del Señor es el conocido 'adulterio espiritual', es decir, la práctica de la idolatría. Otra de las cosas que estaba presente en el tiempo de los jueces era una fuerte inclinación a la idolatría, siguiendo a otros dioses, postrándose ante ellos, realizando ofrendas e incluso terribles sacrificios en honor de falsos dioses e ídolos inventados por las manos de los hombres.

iii. *Deshonraron a sus padres:* Seguidamente el texto nos muestra un pueblo que, teniendo ejemplos pasados de obediencia a los mandamientos del Señor en la vida de sus padres, decidieron ignorar ese ejemplo y abandonar el camino de la Ley de Dios. Deshonrar a nuestros padres no es tan solo tratarlos con falta de respeto en su presencia, sino también no hacer caso de sus instrucciones y faltar al respeto de su memoria y testimonio con una vida totalmente alejada de la que podrían habernos instruido (siempre y cuando ese tipo de instrucción no violase los mandamientos de Dios, en tal caso, siempre deberíamos obedecer a Dios antes que a los hombres, incluso antes que a nuestros padres).

iv. *Tenían corazones ingratos:* Finalmente, nuestro texto muestra cómo la misericordia de Dios hacía que el Señor los librara en muchas ocasiones de la mano de sus enemigos. Dios escuchaba su lamento, sus gemidos, su clamor, y en ese momento extendía su compasión sobre ellos, pero en cuanto las cosas se calmaban y los enemigos se retiraban o eran derrotados, volvían a prostituirse, a cometer los mismos pecados y a ignorar completamente a Dios y sus mandamientos.

Nos encontramos, por lo tanto, en un momento donde el pueblo de Dios mostraba la dureza del corazón, la dureza de su cerviz y su profunda rebeldía.

El siguiente versículo del libro de Jueces define en pocas palabras la actitud de las personas en aquel entonces.

A diferencia del maravilloso consejo que Salomón nos deja sobre la necesidad de confiar únicamente en Dios y no apoyarnos en nuestro propio entendimiento, en este caso vemos lo contrario, un pueblo que ignora el consejo de Dios y que vive conforme a sus propias pasiones y deseos.

¿No se parece eso, en muchos sentidos, a la realidad del mundo que nos rodea? Un mundo que tiene un corazón rebelde contra cualquier tipo de autoridad, ya sea civil, familiar o eclesiástica. Un mundo que no acepta ningún tipo de autoridad sobre sus vidas y que se considera, cada quien, su propio dueño y señor sin tener que rendir cuentas a nadie más.

Un mundo que ha abandonado completamente al único Dios verdadero y se ha volcado tras otros dioses. Falsas religiones y todo tipo de ídolos ciegan el corazón de los hombres que corren detrás de sus dioses internos, del dinero, del sexo, de la fama, del éxito, etc., abandonando completamente al único digno de toda adoración, el Dios Todopoderoso.

Un mundo desobediente a los mandamientos de Dios, muerto en sus delitos y pecados, completamente esclavizado con una vida entregada a sus propios deseos y pasiones, creyendo que son libres para hacer lo que quieren sin ser capaces de reconocer que su voluntad está totalmente esclavizada al pecado.

Un mundo que deshonra la instrucción de los padres, donde incluso aquellos padres que puedan dedicarse a instruir a sus hijos reciben la rebeldía de los mismos, donde los jóvenes carecen de respeto y valor por las personas mayores, incluso por sus propios padres, y donde el gobierno impío que reina otorga cada vez más poder a los niños, que se vuelven día tras día más autoritarios, y hace de los padres sirvientes de los más pequeños sometidos a la voluntad de ellos en muchas ocasiones.

Lo más triste, es que así como en aquel tiempo se trataba del pueblo de Dios, de aquellos que conocían por haber recibido la Ley de Dios, sus mandamientos, su bondad y misericordia, y aun así le dieron la espalda. Así mismo, muchas supuestas iglesias en nuestro tiempo son un reflejo del tiempo de los jueces, iglesias que afirman conocer la voluntad de Dios y haber gustado de su misericordia, ahora viven haciendo las cosas conforme a su propia voluntad, ignorando lo revelado por Dios en su Palabra y viviendo según lo que les parece bien ante sus propios ojos.

Pero Dios es justo y castiga la maldad, ¿Y qué trajo ese tipo de vida sobre nuestros personajes y los que habitaban en aquel lugar donde estaba Rut? Una condición alimentaria crítica.

Hambruna por el pecado

Como vimos anteriormente, *Rut 1:1a* inicia situando la historia en la época de los jueces y en un período de fuerte hambruna en el país.

Esta hambruna no debía sorprender a aquellos que conocían la Ley de Dios puesto que la Palabra del Señor advertía sobre las consecuencias del tipo de vida que estaban llevando.

También quebrantaré el orgullo de vuestro poderío, y haré vuestros cielos como hierro y vuestra tierra como bronce. Y vuestras fuerzas se consumirán en vano, porque vuestra tierra no dará su producto y los árboles de la tierra no darán su fruto. — Levítico 26:19-20

Él convierte los ríos en desierto y los manantiales en secadales; la tierra fértil en salinas, por la maldad de los que moran en ella. — Salmos 107:33-34

Estos son solo algunos de los diversos pasajes que mencionan las consecuencias de la desobediencia hacia los mandamientos del Señor.

Así como vemos, especialmente en Deuteronomio 28, que Dios garantizaba bendecir al pueblo con fertilidad, prosperidad, protección, cuidado, etc., mientras el pueblo guardase y obedeciese sus mandamientos; así mismo, existían advertencias sobre las consecuencias de ignorar dichos mandamientos y desobedecerlos.

Entre algunas de las maldiciones que Dios había garantizado sobre su pueblo estaban la escasez en cuanto a los campos y al ganado, algo que traería como consecuencia hambruna sobre ellos, lo cual era exactamente lo que estaban viviendo en aquel entonces, fruto de llevar una vida bajo sus propios criterios.

Si bien es cierto que sabemos por experiencia que la misericordia y paciencia de Dios son tan grandes que muchas veces, en lugar de castigarnos por fallarle hemos visto su misericordia renovándose cada mañana en nuestras vidas, no podemos olvidar que el pecado tiene terribles consecuencias, y que en ocasiones, Dios en su soberanía puede decidir disciplinarnos de maneras dolorosas para tratar con nuestros pecados.

En la Biblia existen referencias de enfermedades, ciertos permisos concedidos al enemigo o incluso algunas muertes como consecuencias de pecados cometidos.

No juguemos con el pecado. Veo a muchos decir, cuando se trata de obediencia, que Dios bendice a los que andan con rectitud, y yo lo creo, pues lo veo en las Escrituras, sin embargo, cuando se trata de pecado, afirman que Dios lo pasa por alto porque ya lo castigó sobre Jesús. ¡Qué curioso! Si lo hacemos bien, el premio viene para nosotros, y si lo hacemos mal, la consecuencia va para Jesús (según el pensamiento de muchos). Quizás, se considera el siguiente versículo:

No nos ha tratado según nuestros pecados, ni nos ha pagado conforme a nuestras iniquidades. — Salmos 103:10

Sí, es cierto que no hemos sido tratados conforme a nuestras iniquidades, que a pesar de haber vivido exactamente como aquellos descritos en el libro de Jueces por muchos años, finalmente, tras haber creído el mensaje del Evangelio y habernos arrepentido de nuestros pecados, por la pura gracia de Dios, habiendo reconocido a Jesús como nuestro Señor y Redentor, el Padre cargó el peso de toda nuestra iniquidad sobre sus hombros. Nadie discutiría esto jamás. Pero dejen que les haga una simple pregunta en este momento. ¿Habían recibido esa gracia los creyentes del libro de Hechos que ahora eran discípulos? ¡Claro que sí! Pero ¿Cuál fue la consecuencia del pecado cometido por Ananías y Safira? Otra pregunta similar: ¿Habían recibido la gracia salvadora los creyentes de Corinto a los que escribió el Apóstol Pablo? ¡Claro que sí! Sin embargo, ¿qué le había pasado a muchos de los que estaban tomando la Cena del Señor indignamente? Así que, sí, hemos sido salvos del castigo eterno y Jesús ha pagado por todas nuestras iniquidades, pero como un padre que disciplina al hijo que ama, nuestro Padre Eterno sigue disciplinando a sus hijos cuando debe tratar con sus faltas y pecados para que sigan creciendo en santidad a la imagen de Cristo Jesús.

Una mala mudanza

Y un hombre de Belén de Judá fue a residir en los campos de Moab con su mujer y sus dos hijos. Aquel hombre se llamaba Elimelec, y su mujer se llamaba Noemí. Los nombres de sus dos hijos eran Mahlón y Quelión, efrateos de Belén de Judá. Y llegaron a los campos de Moab y allí se quedaron. — Rut 1:1b-2

Lo siguiente que nos presenta el pasaje es una familia tomando la decisión de mudarse del lugar donde vivían, entendemos que por la situación de hambruna que se estaba viviendo.

Es curioso ver un poco la etimología de los nombres de nuestros personajes:

i. *Elimelec:* Mi Dios es rey
ii. *Noemí:* Mi agrado o graciosa
iii. *Mahlón:* Enfermedad o enfermizo
iv. *Quelión:* Desperdicio o sin fuerza

Esta familia era originaria de Belén, un lugar que para nosotros los cristianos siempre tendrá algo especial, pues fue el lugar donde Dios escogió que naciera Jesús, nuestro Redentor, sin embargo, por causa de la situación de escasez que se vivía, salieron de la ciudad y se trasladaron a Moab, que no era precisamente una ciudad con buena reputación ante los ojos del pueblo judío ni una ciudad agradable a los ojos del Señor.

Una tierra maldita

Los moabitas eran una tribu que originalmente se había dado mediante una relación incestuosa entre Lot y una de sus hijas, las cuales tomaron la decisión de embriagarlo y acostarse con él. Fue un pueblo que tuvo una fuerte relación con los amonitas, también descendientes de la relación incestuosa de Lot con su otra hija. Ambos pueblos, a pesar de su estrecho parentesco para con los israelitas, fueron contados a lo largo del relato bíblico más bien como enemigos que como amigos de los mismos.

Es por ello que, por el trato sobre los hijos de Dios, que el Señor había determinado castigar la tierra de Moab, volviendo a los moabitas, así como a los amonitas, pueblos que estaban bajo el juicio, la condenación y la maldición de Dios.

Pero, ¿de dónde había salido inicialmente la familia de Elimelec? De Belén, ciudad de la cual se leen profecías distintas.

Abandonando la casa de pan

Así como el profeta Ezequiel registra el castigo sobre los moabitas y los amonitas, el profeta Miqueas trae uno de los más maravillosos anuncios que podría haber sobre una ciudad, y es el hecho de que esa pequeña ciudad, quizá considerada sin mucho valor por bastantes personas, sería la ciudad escogida para la llegada de un gobernador justo y recto para Israel.

Sin embargo, el profeta añade que sus orígenes son desde los tiempos antiguos, desde los días de la eternidad. ¿Qué gobernador dado a Israel podría ser eterno?

Además, el nombre Belén, tiene por significado *casa de pan*, de lo cual podríamos preguntarnos ¿quién es el pan de vida? Ese gobernante prometido es el Dios eterno, el Hijo de Dios que se encarnó, nuestro Señor Jesucristo, el cual se presentó a sí mismo como el Pan de Vida, el que saciaría por siempre nuestra hambre, así como el Agua de Vida que saciaría por completo nuestra sed (Jn. 6:35).

¡Cuán desesperada debía ser la situación que enfrentaba la familia de Elimelec para abandonar la casa de pan, la ciudad que un día vería nacer al Mesías, pero que ahora pasaba una terrible hambruna, para marcharse a una ciudad que sería condenada por el Señor como lo era Moab! En ocasiones las consecuencias del pecado solo nos llevan de mal en peor.

Un tiempo de plena desobediencia, una hambruna grande sobre nuestra ciudad y ahora el traslado a un peor lugar de residencia.

¿Podía la cosa ponerse peor para nuestros personajes? Lamentablemente sí, ya había advertido que esta historia iniciaba con un drama terrible.

Escogiendo mujeres prohibidas

Y murió Elimelec, marido de Noemí, y quedó ella con sus dos hijos. Y ellos se casaron con mujeres moabitas; el nombre de una era Orfa y el nombre de la otra Rut. Y habitaron allí unos diez años. — Rut 1:3-4

A la hambruna y la mudanza a una ciudad mucho peor sumamos una muerte en la familia, y no una muerte cualquiera, sino la muerte de la cabeza del hogar.

El esposo de Noemí y padre de los niños había muerto, por lo tanto, ahora había dos manos menos para trabajar en el hogar y buscar sustento, con lo que las dificultades emocionales se sumaban a la situación económica y social.

A todo eso se agrega un acto de rebeldía de los hijos de Elimelec y Noemí.

El texto dice que tomaron para sí mujeres moabitas, Orfa y Rut eran sus nombres, y estuvieron habitando juntos en Moab por unos diez años.

Es comprensible que conforme los hombres crecían el deseo de tener esposas y formar una familia naciera en sus corazones. Eso es algo totalmente lícito y era lo habitual entre todas las personas, pues siempre el pueblo de Dios había considerado la familia una bendición del Señor, los hijos como una herencia regalada por el Todopoderoso y el fructificar como una responsabilidad para cada uno de ellos unida al mandato de Génesis.

Sin embargo, a pesar de que el deseo de formar familias fuera totalmente lícito, entendemos que en Moab no era lícito buscar esposa, ya que existía una orden establecida por Dios en cuanto a la unión con mujeres de otras naciones o pueblos.

Relaciones prohibidas por Dios

Cuando el SEÑOR tu Dios te haya introducido en la tierra donde vas a entrar para poseerla y haya echado de delante de ti a muchas naciones: los hititas, los gergeseos, los amorreos, los cananeos, los ferezeos, los heveos y los jebuseos, siete naciones más grandes y más poderosas que tú, y cuando el SEÑOR tu Dios los haya entregado delante de ti, y los hayas derrotado, los destruirás por completo. No harás alianza con ellos ni te apiadarás de ellos. Y no contraerás matrimonio con ellos; no darás tus hijas a sus hijos, ni tomarás sus hijas para tus hijos. Porque ellos apartarán a tus hijos de seguirme para servir a otros dioses; entonces la ira del SEÑOR se encenderá contra ti, y Él pronto te destruirá. — Deuteronomio 7:1-4

Dios había establecido, y no solo lo había mencionado en una ocasión, que no permitía las alianzas ni los matrimonios entre su pueblo y las otras naciones.

Si un extranjero se convertía y se sumaba al pueblo de Dios, entonces sí podía unirse en matrimonio, ya que ahora se rendía a las costumbres y leyes de los israelitas. Sin embargo, antes de eso, siendo perteneciente a un pueblo pagano, con costumbres, tradiciones y cosmovisiones paganas, toda relación conyugal con ellos y los israelitas era totalmente prohibida por el Señor.

En el pasaje de Deuteronomio, además, indica el motivo principal de esa prohibición, y era el hecho de que conduciría a los israelitas a la idolatría y a terminar contaminando sus vidas con las tradiciones y costumbres de los otros pueblos.

A pesar de la advertencia de Dios, existen personas que usan el texto de Rut para decir que finalmente, a pesar de ser moabita, Rut terminó siendo parte del pueblo de Dios. Pero que el Señor haya tenido esa gracia no invalidaba su mandamiento.

Tenemos también el caso de Salomón que por incumplir esta orden terminó adorando a otros dioses y pecando terriblemente contra el Señor. ¿Por qué no toman este ejemplo? Por un simple motivo, porque prefieren los deseos de su corazón que obedecer al Señor.

No importa los casos que conozcamos de personas que se casaron con un impío y que al final Dios tuvo misericordia y salvó su vida. Las excepciones no invalidan los mandamientos de Dios. Lo importante es lo que Dios ha dicho, y su instrucción y advertencia es clara. El yugo desigual era un pecado claro para el pueblo de Dios. ¿Lo sigue siendo hoy? Miremos estas palabras del Apóstol Pablo.

No estéis unidos en yugo desigual con los incrédulos, pues ¿qué asociación tienen la justicia y la iniquidad? ¿O qué comunión

la luz con las tinieblas? ¿O qué armonía tiene Cristo con Belial?
¿O qué tiene en común un creyente con un incrédulo?
— 2 Corintios 6:14-15

Así que, no veo ningún motivo para creer que la instrucción y el mandamiento de Dios esté considerado no válido en nuestros días, puesto que el Nuevo Testamento sigue mostrando de forma clara el mismo fundamento en cuanto a nuestras relaciones personales.

Así como nuestro texto anterior mostraba que el motivo principal era la influencia que recibiríamos de los impíos, la cual nos terminaría seduciendo a sus costumbres y pecados, ahora Pablo afirma algo mucho más sencillo. No debemos unirnos en yugo desigual porque, además, no tenemos nada en común con los impíos. Sus valores, sus principios, sus anhelos, los deseos de su corazón, las inclinaciones de sus pensamientos, el centro de su adoración, la cosmovisión que tienen de la vida, todo en ellos es distinto a nuestros principios y forma de vivir.

No cometas el terrible error de agarrarte a testimonios que cuentan excepciones para seguir tu corazón. Aférrate al consejo perfecto y firme de Dios, atiende su mandamiento, pues es perfecto y tiene plena autoridad sobre nuestras vidas.

Aquí nos encontramos con una familia que experimentó una necesidad económica tan grande que tuvo que abandonar su ciudad para irse a un lugar peor, que había enfrentado la muerte de quien era cabeza de familia y que ahora, los hijos, habían decidido pasar por encima del consejo de Dios y tomar mujeres paganas. ¿Podía empeorar todo esto? ¡Claro que sí!

Un panorama terrible

Murieron también los dos, Mahlón y Quelión, y la mujer quedó privada de sus dos hijos y de su marido. (Rut 1:5)

A la muerte de Elimelec se suma la muerte de Mahlón y Quelión, los dos hijos de Noemí.

Algunos comentaristas afirman que esta muerte fue el resultado de haber tomado a las mujeres extrañas pecando contra Dios, sin embargo, no considero que podamos afirmar tal cosa con total seguridad, aunque tampoco podríamos descartarlo.

Lo cierto es que a la crisis económica de la familia que los llevó a dejar su hogar, llegó una crisis familiar con la muerte de la cabeza de familia, dificultando más las cosas. A dicha situación llegó el pecado de los hijos, mostrando que quizá sus corazones no estaban tampoco muy centrados en honrar a Dios, como la mayoría de personas en los tiempos de los jueces, y a todo eso, ahora terminamos con la muerte de los hijos, acrecentando la terrible crisis emocional y económica sobre la familia.

Las mujeres, en aquel entonces, dependían plenamente del trabajo de sus esposos e hijos varones, los cuales eran usualmente proveedores de las familias, por ello había un llamado especial al cuidado de las viudas puesto que muchas veces no podían valerse por sí mismas para tener una vida económicamente estable.

Sin recursos, sin trabajo, sin esposos, sin hijos y ahora con dos nueras a su lado, en tierra extraña y lejos de su hogar. En estos momentos esa era la situación de Noemí junto a sus nueras.

Como dije, este relato empieza como un drama terrible, todo como consecuencia del pecado que había llevado a Dios a disciplinar a su pueblo y estaban viviendo las oscuras consecuencias de ello.

Me gustaría, antes de cerrar este primer capítulo, recordar algunas cosas importantes y prácticas para nuestros días.

Cuidado al tomar decisiones

Absolutamente todas nuestras decisiones, desde las más pequeñas a las más grandes, tendrán consecuencias de algún tipo. Cada cosa que decimos, todo lo que hacemos o cada decisión que tomamos, todo tiene consecuencias.

Recuerda algunos principios importantes a la hora de tomar decisiones.

i.   Toma las decisiones bajo el consejo de Dios

Porque el desvío de los simples los matará, y la complacencia de los necios los destruirá. Pero el que me escucha vivirá seguro, y descansará, sin temor al mal. — Proverbios 1:32-33

Sería tan soberbio, orgulloso y arrogante por nuestra parte pensar que todos nuestros pensamientos son correctos y que sabemos todas las cosas como para no necesitar el consejo del Sabio Dios. Pero realmente muchas veces actuamos de esa forma, como el simple y el necio, bajo nuestro propio criterio.

Dios nos ha dado su Palabra, donde está reflejado, entre otras cosas, su consejo y su perfecta voluntad, la guía para una vida bienaventurada y bendecida. Con lo que no sería prudente ignorarla y nos ayudaría a vivir seguros consultarla y obedecerla, siguiendo siempre el consejo del Todopoderoso en cualquier decisión que tomemos.

ii.   Escoge en el espíritu

No os dejéis engañar, de Dios nadie se burla; pues todo lo que el hombre siembre, eso también segará. Porque el que siembra para su propia carne, de la carne segará corrupción, pero el que siembra para el Espíritu, del Espíritu segará vida eterna.
— Gálatas 6:7-8

Podemos decidir movidos por los impulsos de nuestro propio corazón o los deseos de nuestra carne, o bien, podemos tomar decisiones movidos por Dios, guiados por el Espíritu.

Pablo es contundente al afirmar que sembrar para la carne no es lo adecuado, pues tiene graves consecuencias, y nos llama a sembrar para el espíritu.

Cuando tengamos que tomar decisiones debemos buscar, como dice a los Efesios, ser llenos del Espíritu Santo, para vivir en el espíritu y decidir en el espíritu, sembrando siempre para vida.

iii. Dios sabe más

Confía en el SEÑOR con todo tu corazón, y no te apoyes en tu propio entendimiento. Reconócele en todos tus caminos, y Él enderezará tus sendas. No seas sabio a tus propios ojos, teme al SEÑOR y apártate del mal. Será medicina para tu cuerpo y refrigerio para tus huesos. — Proverbios 3:5-8

El ego es uno de los mayores problemas del hombre actual, y muchos siguen batallando con ese problema en las filas de nuestras iglesias locales. ¿Cuántos no piden consejo a los padres o los ancianos creyendo que saben manejarse en la vida correctamente?, ¿qué me enseñará el pastor que yo no sepa?, ¿qué sabrá mi padre que no sepa yo? Ese es el pensamiento de muchos, especialmente de esta generación juvenil, que cree que en las canas no hay sabiduría y en los ancianos no hay conocimiento y prefieren vivir a su manera.

Pero eso lo trasladan incluso a ignorar el consejo de Dios, apoyarse en su propio entendimiento, y luego pagar las respectivas consecuencias de esa terrible actitud.

Busca ser humilde para recibir consejo, pues en la multitud de consejeros está la victoria, pero especialmente busca el consejo de Dios.

Y si alguno tiene todavía dudas de lo terrible que pueden ser algunas consecuencias de decisiones mal tomadas, mostraremos algunos ejemplos bíblicos de ello.

Malas decisiones y malas consecuencias

i.   La decisión de Abram:

Y Sarai, mujer de Abram, no le había dado a luz hijo alguno;
y tenía ella una sierva egipcia que se llamaba Agar. Entonces
Sarai dijo a Abram: He aquí que el SEÑOR me ha impedido
tener hijos. Llégate, te ruego, a mi sierva; quizá por medio de
ella yo tenga hijos. Y Abram escuchó la voz de Sarai.
— Génesis 16:1-2

ii.   La decisión de Acán:

Y Acán respondió a Josué, y dijo: En verdad he pecado contra
el SEÑOR, Dios de Israel, y esto es lo que he hecho: cuando vi
entre el botín un hermoso manto de Sinar y doscientos siclos
de plata y una barra de oro de cincuenta siclos de peso, los co-
dicié y los tomé; y he aquí, están escondidos en la tierra dentro
de mi tienda con la plata debajo. — Josué 7:20-21

iii.   La decisión de Sansón:

Le respondieron su padre y su madre: ¿No hay mujer entre las
hijas de tus parientes o entre todo nuestro pueblo, para que
vayas a tomar mujer de los filisteos incircuncisos? Pero Sansón
dijo a su padre: Tómala para mí, porque ella me agrada.
— Jueces 14:3

iv.   La decisión de Ananías y Safira:

Un hijo tenido con una esclava que acabaría siendo un feroz enemigo de su linaje escogido, una familia totalmente castigada con la muerte por tomar un botín que no debían, la ceguera y burla de los enemigos por escoger a una mujer que no correspondía por la dureza de su corazón y desobediencia e incluso la muerte de un matrimonio por causa de sus mentiras, son algunas de las muchas consecuencias que la Biblia relata de decisiones tomadas totalmente en la carne y alejadas del consejo de Dios.

¿Y si nos contásemos nuestras vidas?, ¿y si nos sentásemos a hablar de nuestro pasado y las decisiones que tomamos en algún momento?, ¿cuántos no están pagando, incluso hasta el día presente, las consecuencias de decisiones tomadas puramente en la carne?

Y a pesar de todo eso, todavía seguimos insistiendo en malas decisiones a día de hoy muchas veces.

A pesar de todo ello, finalizaré mostrando la decisión tomada en toda la historia de la humanidad, la cual podríamos decir que es el origen de todas las tras malas decisiones tomadas en la historia del hombre.

La peor decisión de la historia de la humanidad

marido que estaba con ella, y él comió. — Génesis 3:6

De todas las malas decisiones registradas en la Biblia esta puede considerarse la peor, por un simple motivo, porque trajo el pecado a esta tierra, y como hemos dicho, el pecado es el origen de toda la tragedia del hombre.

Realmente, a pesar de que muchos vivan entre risas, abrazando sus pasiones, algunos viviendo en abundantes riquezas materiales considerando que son los reyes de este mundo, tarde o temprano, reconocerán que la vida era una terrible tragedia cuando enfrenten el juicio de Dios.

Pero para ellos, como para nosotros, hay una esperanza en medio de todo este drama, una única esperanza para que la tragedia termine en gloria.

La única esperanza en la tragedia

Aconteció poco después que Jesús fue a una ciudad llamada Naín; y sus discípulos iban con Él acompañados por una gran multitud. Y cuando se acercaba a la puerta de la ciudad, he aquí, sacaban fuera a un muerto, hijo único de su madre, y ella era viuda; y un grupo numeroso de la ciudad estaba con ella. Al verla, el Señor tuvo compasión de ella, y le dijo: No llores. — Lucas 7:11-13

La única esperanza para la viuda de Naín, la única esperanza para la viuda y sin hijos Noemí, y la única esperanza para todo pecador que se encuentra destituido de la gloria de Dios es una sola: recibir la gracia y misericordia del Señor a través de Jesucristo nuestro Señor y Salvador.

> Porque de tal manera amó Dios al mundo, que dio a su Hijo unigénito, para que todo aquel que cree en Él, no se pierda, mas tenga vida eterna. Porque Dios no envió a su Hijo al mundo para juzgar al mundo, sino para que el mundo sea salvo por Él. El que cree en Él no es condenado; pero el que no cree, ya ha sido condenado, porque no ha creído en el nombre del unigénito Hijo de Dios. — Juan 3:16-18

¿Te has dado cuenta de cómo un mismo pasaje tiene implícitas terribles y maravillosas noticias?

El que cree el Evangelio, la obra, muerte y gloriosa resurrección de Cristo, se arrepiente de sus pecados y pone su plena confianza en Cristo Jesús, entregando su vida para Su Gloria, recibe vida eterna, pero así mismo, el que no lo haga, vivirá las consecuencias de la mayor tragedia del hombre, su pecado, y experimentará la condenación eterna.

Si bien es cierto que Dios, en muchas ocasiones, no todas, ha mostrado una gracia maravillosa sobre algunos y ha traído una restauración a una situación trágica y la ha vuelto una situación agradable.

Si bien es cierto que en Dios podemos encontrar gozo en medio de la aflicción, paz en medio de las tormentas y seguridad ante los ataques del enemigo protegidos bajo el amparo del Altísimo.

Lo más importante no lo constituye las cosas buenas que temporalmente Dios puede derramar sobre nuestras vidas. Hay algo mucho más grande que una enfermedad curada, un trabajo que llega en medio de una situación económica difícil o la solución de algún problema en un momento complicado de la vida.

Lo más importante es la gloria eterna que Dios ha reservado para aquellos que crean el mensaje del Evangelio y entreguen totalmente sus vidas a Jesús.

Por eso termino con una sola pregunta ¿Cuál es tu relación con

Dios hoy?

¿Estás en Cristo o estás en el camino que lleva a la condenación? Si estás en Cristo, recuerda, que la mayor tragedia de la vida ya ha sido solucionada, que nos basta su gracia, y que el resto lo podemos soportar en su presencia.

Si no estás en Cristo, arrepiéntete hoy de tus pecados y corre a Jesús, pues todavía hay esperanza para un pecador como tú, así como la hubo para un pecador como yo.

CAPÍTULO 2

LA CONVERSIÓN DE UNA MUJER PAGANA

Introducción

La vida del ser humano está llena de constantes decisiones, y todas ellas llenas tienen consecuencias.

Cuando miramos Rut 1:1-5, pudimos ver que los tiempos que se vivían Noemí y Rut no eran nada favorables para el pueblo de Dios. El tiempo de los jueces se caracterizaba por una profunda desobediencia y rebeldía contra Dios y toda figura de autoridad, una práctica de idolatría constante abrazando gran cantidad de falsos dioses y donde la maldad estaba instaurada en las calles de la nación.

A causa de eso, entre otras cosas, una fuerte hambruna había llegado sobre Belén, lo cual llevó a nuestros personajes a emprender un viaje hacia Moab, un lugar que Dios no miraba con mucho agrado.

Desde ese momento las cosas empezaron a empeorar por momentos pues llegaba la muerte de la cabeza de la familia, el esposo de Noemí. A eso se sumaba el matrimonio en yugo desigual de los dos hijos de Noemí y seguidamente la muerte de los varones, dejando a una viuda sola junto a sus dos nueras en una tierra extraña alejada de todo el mundo que pudiera conocer.

¿Qué haría entonces nuestra protagonista?, ¿cuáles serían las próximas decisiones que tomaría Noemí? Veamos aquí cómo sigue nuestro relato y algunas enseñanzas que podemos obtener del mismo.

Dando marcha atrás

Muchos consideran que dar marcha atrás es un fracaso, sin embargo, reconocer errores o bien experimentar opciones y ver las que no son adecuadas, volviendo a retomar desde cero un camino no debe considerarse un fracaso.

¿Qué iba a hacer Noemí?, ¿quedarse en Moab donde no conocía a nadie más que a sus nueras, sin ningún pariente posible cercano, solo para seguir firme en la decisión que habían tomado previamente de ir a esa ciudad?, ¿quedarse por cuestiones de orgullo para mostrarle a todo el mundo que las cosas terminarían saliendo bien tarde o temprano y que no iba a volver atrás?

Considero que Noemí hizo lo más sensato en ese preciso momento.

Noticias habían llegado sobre la mejoría de la situación en Belén, puesto que la hambruna ya no estaba reinando y el Señor había provisto alimento nuevamente para el pueblo.

La misericordia y la gracia de Dios otra vez quedan presentes en ese hecho, pues pudiendo dejar al pueblo con hambre por más tiempo, lo cual sería totalmente justo y bien merecido, decide extender su mano misericordiosa y restituir de nuevo el alimento sobre ellos.

En Belén tendrían vecinos y amigos del pasado, personas con las que compartirían algún tipo de parentesco, estaría más familiarizada con el lugar, etc., por lo que la opción más coherente sería volver.

Muchas veces estamos más preocupados del hablar de las personas, de sus opiniones, de que puedan cuchichear sobre nosotros diciendo que fracasamos, que volvimos más pobres de lo que nos fuimos, que fuimos necios y tomamos una terrible decisión. Sería, por lo tanto, muy orgulloso seguir aferrados a una mala situación solo para evitar tales comentarios, sabiendo que las cosas serían mucho más cómodas en Belén, y no en una tierra extraña como Moab.

¿Y qué si tenemos que reconocer que tomamos una mala decisión?, ¿y qué si tenemos que reconocer que todos tenían razón y nos equivocamos?, ¿y qué si debemos agachar la cabeza y aceptar con humildad las consecuencias de nuestras acciones? Eso es parte del arrepentimiento, y también, muchas veces, parte del aprendizaje en esta vida.

No estoy animando a las personas a que dejen de escuchar buenos consejos y se vuelvan temerarios, sin embargo, existe una realidad y es que, hasta cuando queramos ser prudentes, estamos sujetos a equivocarnos, y eso es parte de las lecciones que aprenderemos a lo largo de la vida.

Pero Noemí no se encontraba sola, ahora tenía a su lado a dos nueras, que a diferencia de ella, no eran de Belén, sino que eran moabitas. ¿Qué querrá entonces Noemí que hagan ellas?

El buen deseo de una suegra para sus nueras

Salió, pues, del lugar donde estaba, y sus dos nueras con ella, y se pusieron en camino para volver a la tierra de Judá. Y Noemí dijo a sus dos nueras: Id, volveos cada una a la casa de vuestra madre. Que el SEÑOR tenga misericordia de vosotras como vosotras la habéis tenido con los muertos y conmigo. Que el SEÑOR os conceda que halléis descanso, cada una en la casa de su marido. Entonces las besó, y ellas alzaron sus voces y lloraron. — Rut 1:7-9

De repente, Noemí vuelve a tomar una decisión sensata, y es pedir a sus nueras que no la sigan en el camino de vuelta a Belén.

Realmente esas mujeres ya no estaban atadas a sus maridos, eran viudas como Noemí, y según la ley estaban libres para poder casarse nuevamente.

Es posible que fueran jóvenes, ni tan siquiera habían tenido hijos, y tenían más opciones en la vida si en su propia nación buscaban rehacer su vida junto a otros maridos.

Parece, además, que estas muchachas actuaron bien a los ojos de Noemí, pues ella afirma que habían tenido misericordia con los muertos, refiriéndose a sus hijos, y con ella, es decir, que la actitud que habían tenido como esposas y nueras hasta el momento había sido buena.

Es por ello que, con un lenguaje totalmente piadoso, les desea misericordia, descanso y bendición de parte del Señor sobre sus vidas.

Ellas eran moabitas, y al mencionar la casa de sus padres, el texto nos indica que su familia residía por aquellos lugares. ¿Para qué iban a ir a una tierra extraña?, ¿para que irían a un pueblo con el que quizá no compartían algunas tradiciones?, ¿encontrarían en Belén, un lugar donde muchos buscaban a mujeres puramente judías, los esposos que podrían sustituir a los hijos de Noemí?, ¿abandonarían toda su cultura y vida pasada para ir a un lugar nuevo con una mujer mayor y viuda?, ¿no sería más conveniente volver junto a su familia, donde probablemente serían sustentadas con más facilidad, en medio de un pueblo que conocían y donde habían crecido por años esperando encontrar un futuro esposo?

Así como Noemí sabía que lo mejor para ella era regresar a Belén, lo mejor para sus nueras era quedarse en Moab.

¿Qué respondieron sus nueras a esto?

Una mujer sin esperanza

Y le dijeron: No, sino que ciertamente volveremos contigo a tu pueblo. Pero Noemí dijo: Volveos, hijas mías. ¿Por qué queréis ir conmigo? ¿Acaso tengo aún hijos en mis entrañas para que sean vuestros maridos? Volveos, hijas mías. Id, porque soy demasiado vieja para tener marido. Si dijera que tengo esperanza, y si aun tuviera un marido esta noche y también diera a luz hijos, ¿esperaríais por eso hasta que fueran mayores? ¿Dejaríais vosotras de casaros por eso? No, hijas mías, porque eso es más difícil para mí que para vosotras, pues la mano del SEÑOR se

ha levantado contra mí. Y ellas alzaron sus voces y lloraron otra
vez; y Orfa besó a su suegra, pero Rut se quedó con ella.
— Rut 1:10-14

Para sorpresa de Noemí, ambas nueras decidieron acompañar a su
suegra en su regreso a Belén.

Quizá era compasión hacia una viuda que había perdido a su
marido, sumado al dolor de haber perdido a sus hijos. Quizá el dolor de ver a una mujer de edad avanzada que había quedado sola o
el cariño y afecto que se había generado entre ellas en el tiempo de
convivencia. También es posible que el corazón de esas nueras, culturalmente, sintiera responsabilidad por el cuidado de la que fuera
su suegra, más aún, en una condición de viudez.

A pesar de eso, Noemí las anima a no tomar esa decisión y les
ofrece algunos argumentos totalmente comprensibles.

En primer lugar, les afirma que no tiene más hijos que pudieran
tomar como futuros maridos, e incluso, que, aunque ya no fuera a
tomar nuevamente esposo, si lo pudiera tomar y quedase embarazada, hasta que pudieran casarse con su próximo hijo pasarían demasiados años.

Los argumentos de Noemí nos recuerdan a la Ley de Dios, según
la cual si una nuera quedaba viuda, y había otro hijo en la familia,
éste debía tomarla para que pudiera tener hijos que su hermano no
había podido llegar a tener en vida, lo cual conocemos como la ley
del levirato.

La ley del levirato

Cuando dos hermanos habitan juntos y uno de ellos muere
y no tiene hijo, la mujer del fallecido no se casará fuera de la
familia con un extraño. El cuñado se allegará a ella y la tomará
para sí como mujer, y cumplirá con ella su deber de cuñado. Y
será que el primogénito que ella dé a luz llevará el nombre de
su hermano difunto, para que su nombre no sea borrado de

Israel. Pero si el hombre no quiere tomar a su cuñada, entonces su cuñada irá a la puerta, a los ancianos, y dirá: «Mi cuñado se niega a establecer un nombre para su hermano en Israel; no quiere cumplir para conmigo su deber de cuñado». Entonces los ancianos de su ciudad lo llamarán y le hablarán. Y si él persiste y dice: «No deseo tomarla», entonces su cuñada vendrá a él a la vista de los ancianos, le quitará la sandalia de su pie y le escupirá en la cara; y ella declarará: «Así se hace al hombre que no quiere edificar la casa de su hermano». Y en Israel se le llamará: «La casa del de la sandalia quitada».
— Deuteronomio 25:5-10

Esta es una de las curiosidades que encontramos en la Ley de Dios en el Antiguo Pacto, en la cual se establecía la responsabilidad de dar herederos dentro de la familia al hermano difunto si este no había tenido hijos.

Sin embargo, ninguno de los hijos de Noemí estaba ya con vida, entonces no quedaba alguna opción disponible para dar herederos a la familia.

Así que, Noemí no ve motivo para que esas jóvenes tomen la decisión de acompañarlas y sigue insistiendo para que vuelvan a sus casas paternas, no queriendo imponer una carga pesada e innecesaria sobre ellas.

Algo que este pasaje nos muestra es el estado del corazón de Noemí, que siente que la mano del Señor estaba pesando duramente sobre su vida. Es interesante notar que para una mujer judía como ella nada escapaba de los designios de Dios.

No estaba culpando a la casualidad, ni buscando responsabilidades en el diablo. Nada de eso, sino que entendía que la misma mano del Señor que había decidido enviar pan nuevamente a Belén, es la que había permitido todas las cosas que sucedían a su alrededor, por muy trágicas que fueran.

Existe una triste realidad hoy en día y es el hecho de que muchas personas solo son capaces de ver a Dios en los momentos agradables de la vida, como si en los momentos más duros el Señor no tuviese nada que ver.

Sin embargo, el pueblo judío siempre había comprendido que cuando llovía, Dios estaba presente, y cuando llegaba la sequía, Dios también estaba presente. Alababan a Dios en los tiempos de abundancia, pero, al mismo tiempo, gemían y clamaban a Él en los tiempos de escasez.

Pensar que los momentos difíciles son tiempos en los que Dios parpadea o que se despista un instante es algo totalmente ilógico y que negaría rotundamente su perfecta y total soberanía. Para su alegría o para su momento de quebranto, Noemí reconocía que la mano de Dios seguía presente, le gustase o no lo que estaba pasando.

Puede que no entendamos el porqué Dios hace o permite ciertas cosas en nuestra vida, a pesar de ello, no podemos negar su presencia y control total en cada instante de nuestras vidas.

Finalmente, y tras insistir, Orfa la besa y se despide, sin embargo, Rut decide quedarse a su lado a pesar de todo.

Una pagana volviendo a sus dioses

Entonces Noemí dijo: Mira, tu cuñada ha regresado a su pueblo y a sus dioses; vuelve tras tu cuñada. — Rut 1:15

Dos cosas en este breve versículo llaman mucho la atención.

Una de esas dos cosas la comprendo totalmente, pero la otra, me parece un comentario totalmente descabellado y fuera de lugar.

La primera cosa, la que me parece lógica, es el hecho de insistir nuevamente a Rut de volver junto a sus familiares.

Si realmente Noemí cree que puede ser una carga para ella, que en Belén las cosas serán muy difíciles para la muchacha y que en Moab, junto a los suyos, podría llegar a rehacer su vida, es comprensible intentar convencerla de tomar la decisión aparentemente lógica.

Pero, en segundo lugar, considero que lo que Noemí dijo careció totalmente de sabiduría, incluso lo catalogaría de necedad.

Si analizamos el versículo con atención, notaremos que Noemí está animando a Rut para ir al lugar donde Orfa había regresado, a su pueblo y a sus dioses. Así es, animaba a dos mujeres de un contexto totalmente pagano a volver a su adoración de falsos dioses.

Reconozco que cuando leí eso empecé a discutir desde mis adentro con Noemí. ¿Pero cómo puedes decirles eso?, ¿cómo puedes insistirles en que vuelvan a sus falsos dioses paganos, inútiles y que sigan ofendiendo a Dios con su vida?, ¿cómo no las llamas a abandonar su paganismo y volverse al único Dios verdadero?, ¿cómo las dejas en su vida pecaminosa sabiendo que es algo totalmente abominable a los ojos de Dios?

He leído varios comentarios sobre esto, a pesar de ello, ninguno me convence y no deja de parecerme ilógico que una mujer que conoce los mandamientos de Dios, la pecaminosidad que involucra la adoración a falsos dioses, y el celo de Dios por ello, anime a sus nueras a volver a su idolatría.

Y cuando la mujer judía me decepcionó con su actitud, de repente, mi corazón se alegra con la joven moabita, se goza con la respuesta de Rut.

Una pagana creyendo en el Dios de Israel

Pero Rut dijo: No insistas que te deje o que deje de seguirte; porque adonde tú vayas, iré yo, y donde tú mores, moraré. Tu pueblo será mi pueblo, y tu Dios mi Dios. Donde tú mueras, allí moriré, y allí seré sepultada. Así haga el SEÑOR conmigo, y aún peor, si algo, excepto la muerte, nos separa.
— Rut 1:16-17

De una forma contundente, pero obviamente llena de amor y respeto, la joven Rut mira a su suegra y le pide que deje ya de insistir, de ofrecer todo tipo de argumentos, puesto que no piensa abandonarla. Y ¿cómo lo expresa? Con una de las declaraciones de afecto más hermosas que encontramos en la Palabra del Señor.

Es interesante cómo este versículo, junto a 1 Cotinrios 13 es quizá el pasaje más utilizado en invitaciones de bodas cristianas de nuestros tiempos, y lo curioso, es que no son palabras de una mujer a un hombre o viceversa, con un tono romántico, sino palabras sinceras de amor familiar pronunciadas de una nuera a una suegra.

En nuestros tiempos, siempre que se suele hablar de suegros o suegras, nueras o yernos, es común hacer todo tipo de comentarios de comedia o burlescos, pero seamos sinceros, de corazón lo digo, Dios quiera que el respeto y afecto que mostremos por los suegros, así como ellos por los yernos y nueras, sea más parecido al que acaba de pronunciar Rut hacia Noemí.

A pesar de estas palabras reconozco que sería una lectura muy superficial si solo somos capaces de ver algo bonito y poético y no conseguimos ver el tesoro de este pasaje, que a mis ojos es la conversión de la moabita.

Nos encontramos en el Antiguo Pacto, donde muchas veces el lenguaje en el que vemos cómo hombres y mujeres se convierten al Dios de Israel puede sonar, al menos en forma, un poco distinto al lenguaje Neotestamentario, sin embargo, me gustaría dar algunas referencias que me hacen ver la conversión de Rut en estos dos versículos.

Reconocimiento del Dios de Israel

'tu Dios será mi Dios'

Vimos cómo Rut acababa de ser animada a volverse a sus falsos dioses, pero se negó a ello, por el contrario, ahora (posiblemente mediante la familia de Noemí, a través de su esposo y suegros) había conocido acerca del Dios de Israel.

El Dios de Noemí, el Dios de Israel, ahora era el Dios de Rut también.

Ya no necesitaba otros dioses ni poner su confianza en los ídolos, puesto que ahora le bastaba con un solo Dios, el único Dios verdadero.

Algo similar encontramos en un pagano muy famoso en las Escrituras.

Pero al fin de los días, yo, Nabucodonosor, alcé mis ojos al cielo, y recobré mi razón, y bendije al Altísimo y alabé y glorifiqué al que vive para siempre; porque su dominio es un dominio eterno, y su reino permanece de generación en generación.
— Daniel 4:34

Nabucodonosor ya había empezado tiempo atrás a experimentar la grandeza de Dios al contemplar el libramiento de Sadrac, Mesac y Abednego del horno de fuego ardiente.

Poco después el Señor lleva a Nabucodonor a la locura, donde termina comportándose como una bestia, como un animal, pero es algo que soberanamente el Todopoderoso utilizó para humillar al rey y hacer que reconociera que solo había un Rey sobre todas las cosas, el Creador.

Vemos entonces cómo un pagano, que había confiado en falsos dioses y buscado su propia veneración, terminó bendiciendo, alabando y glorificando al Altísimo, reconociendo la grandeza, el dominio y el poder del Dios eterno.

Seguidamente vemos cómo Rut no solo inclina su corazón hacia Dios, sino que reconoce su soberanía.

Reconocimiento de la Soberanía divina

'Así haga el Señor conmigo, y aún peor'

Posiblemente Rut antiguamente consideraba que estaba en manos de falsos dioses, ahora, muy por el contrario, entiende que su vida se encuentra en manos del Señor, el cual podría hacer con ella lo que bien le plazca.

Reconocer la soberanía de Dios y entregarle el control absoluto de nuestras vidas es también evidencia de un corazón inclinado hacia Él.

Siguiendo el mismo ejemplo anterior, vemos a Nabucodonosor reconociendo tal soberanía.

Y todos los habitantes de la tierra son considerados como nada, mas Él actúa conforme a su voluntad en el ejército del cielo y entre los habitantes de la tierra; nadie puede detener su mano, ni decirle: «¿Qué has hecho?».
— Daniel 4:35

Ahora el que había sido considerado el rey más poderoso del mundo, incluyéndose entre el resto de habitantes, sabe que no es nada en comparación al Rey eterno, el cual actúa como le place, tanto en el cielo como en la tierra, sin que nadie pueda poner en duda sus obras ni impedir que se cumpla su voluntad.

¡Cuán importante es para nosotros reconocer a diario el soberano y absoluto control de Dios sobre todas las cosas, incluidos nosotros mismos!

Pero no basta con reconocer a Dios si seguimos abrazando otros dioses.

Abandono de otros dioses

'tu cuñada ha regresado a su pueblo y a sus dioses'

Orfa se había vuelto a sus antiguos dioses, así que posiblemente durante un tiempo tuviera su corazón lleno de mezclas, por un lado, la cultura judía de su nueva familia y por otro lado su tradición pagana a la que terminó regresando.

Pero Rut no volvió a sus dioses ni se los llevó consigo, sino que simplemente dejó lo falso atrás para abrazar tan solo lo verdadero.

No podemos inclinar plenamente nuestro corazón a Dios si lo seguimos dividiendo con los ídolos de este mundo, y eso lo tuvo claro Ezequías cuando empezó a reinar en Jerusalén.

Él hizo lo recto ante los ojos del SEÑOR, conforme a todo lo que su padre David había hecho. Quitó los lugares altos, derribó los pilares sagrados y cortó la Asera. También hizo pedazos la serpiente de bronce que Moisés había hecho, porque hasta aquellos días los hijos de Israel le quemaban incienso; y la llamaban Nehustán. Confió en el SEÑOR, Dios de Israel; y después de él, no hubo ninguno como él entre todos los reyes de Judá, ni entre los que fueron antes de él, porque se apegó al SEÑOR; no se apartó de Él, sino que guardó los mandamientos que el SEÑOR había ordenado a Moisés.
— 2 Reyes 18:3-6

A diferencia de otros reyes que habían permitido que se continuase adorando a otras deidades totalmente falsas, Ezequías decidió romper todo rastro de paganismo.

Derribó los lugares altos utilizados para cultos y sacrificios a falsos dioses, rompió los pilares sagrados dedicados a cultos paganos y terminó erradicando todo rastro de idolatría de la nación, para entonces, poner su confianza únicamente en Dios.

Es muy difícil considerar que alguien se ha convertido verdaderamente al Señor cuando sigue adorando, de alguna forma, a otros dioses.

Dios no permite una adoración compartida en el corazón de su pueblo, aborrece todo tipo de ídolos que puedan formar nuestras mentes y corazones. Castiga severamente el adulterio espiritual de su pueblo a lo largo del relato bíblico, por ello, al igual que Ezequías, debemos romper todo rastro de ídolos de nuestra vida, y al igual que Rut, debemos dejar atrás todo lo falso para abrazar al único Dios verdadero, al Señor Todopoderoso.

Ver estas escenas, además, nos hace recordar que cuando hablamos del Dios de Israel, no nos referimos a un Dios étnico, al que solo pueden adorar y pertenecen a su pueblo hombres y mujeres de una determinada nación, sino que entendemos que ese Israel son todos aquellos que pongan su fe en nuestro Buen Dios, y la llegada de Rut, entre otros casos, nos enseña eso, que los gentiles también tenían cabida en los propósitos salvíficos de nuestro Padre Celestial.

Gracia para los gentiles

El pueblo que andaba en tinieblas ha visto gran luz; a los que habitaban en tierra de sombra de muerte, la luz ha resplandecido sobre ellos. — Isaías 9:2

Dios había prometido a Abraham que en él serían benditas todas las naciones de la tierra, y desde el inicio, incluso a través de sus profetas, las Escrituras mostraban que pueblo que por mucho tiempo ignoraban al Creador y vivían de espaldas a Él, serían alcanzados por su gracia y misericordia.

Rut es uno de esos casos, y nosotros también, puesto que la mayoría de nosotros somos gentiles, convertidos a Cristo, y, por lo tanto, parte del Israel de Dios.

No olvidemos nunca estas hermosas palabras del Apóstol Pablo a los creyentes en Roma.

Porque no es judío el que lo es exteriormente, ni la circuncisión es la externa, en la carne; sino que es judío el que lo es interiormente, y la circuncisión es la del corazón, por el Espíritu, no por la letra; la alabanza del cual no procede de los hombres, sino de Dios. — Romanos 2:28-29

Lo que vuelve a alguien verdaderamente judío, lo que nos hace pertenecer verdaderamente al Israel de Dios, no es un acto religioso externo o el cumplimiento de ciertos rituales, pues muchos eran circuncidados en la carne y sin embargo abandonaban su fe para correr detrás de sus pasiones y falsos dioses. Lo que nos volvía parte del Israel de Dios era la circuncisión del corazón, es decir, la regeneración, la obra perfecta y soberana de Dios en nosotros, mediante la cual nos arranca el corazón de piedra que tenemos, nos da un nuevo corazón de carne y nos concede su Santo Espíritu para poder andar en sus caminos.

Tal y como Jesús le dijo a Nicodemo, se trata de un nuevo nacimiento que no proviene de la carne, ni de los hombres, sino de Dios, un acto soberano de pura gracia sobre aquellos a los que serán hijos de Dios, y Él será su Padre, serán siervos y Él será Señor, serán su pueblo y Él será su Dios. Así que Rut nos muestra, que al igual que sucedió con Abraham, se trata de una cuestión de fe, y principalmente, del objeto de nuestra fe.

Una cuestión de fe

Así Abraham CREYÓ A DIOS Y LE FUE CONTADO COMO JUSTICIA. Por consiguiente, sabed que los que son de fe, estos son hijos de Abraham. Y la Escritura, previendo que Dios justificaría a los gentiles por la fe, anunció de antemano las buenas nuevas a Abraham, diciendo: EN TI SERÁN BENDITAS TODAS LAS NACIONES. Así que, los que son de fe son bendecidos con Abraham, el creyente. — Gálatas 3:6-9

No somos hijos de Abraham por habernos circuncidado en la carne, sino tal y como Pablo menciona, pertenecemos a los hijos de la promesa mediante la fe.

Abraham creyó a Dios y le fue contado por justicia, nosotros, sin embargo, hemos sido justificados mediante la fe en nuestro Señor Jesucristo, a través del cual tenemos ahora paz para con Dios, mediante el cual hemos sido adoptados como hijos del Altísimo y, por consiguiente, estamos incluidos en aquellos que fueron prometidos a Abraham de todas las naciones.

Es por ello que Jesús anima a sus discípulos a predicar el Evangelio a toda criatura y por todas las naciones, puesto que de todas las naciones de la tierra todavía hay muchos que pondrán su fe y confianza en Jesucristo nuestro Señor, así como Rut abandonó su vieja vida de pecado para poner su fe en el Dios verdadero.

Tristemente nuestro capítulo termina con una sensación algo amarga, precisamente lo que había en el corazón de Noemí en esos momentos.

Un corazón amargado

Al ver Noemí que Rut estaba decidida a ir con ella, no le insistió más. Caminaron, pues, las dos hasta que llegaron a Belén. Y sucedió que cuando llegaron a Belén, toda la ciudad se conmovió a causa de ellas, y las mujeres decían: ¿No es esta Noemí? Y ella les dijo: No me llaméis Noemí, llamadme Mara, porque el trato del Todopoderoso me ha llenado de amargura. Llena me fui, pero vacía me ha hecho volver el SEÑOR. ¿Por qué me llamáis Noemí, ya que el SEÑOR ha dado testimonio contra mí y el Todopoderoso me ha afligido? Y volvió Noemí, y con ella su nuera Rut la moabita, regresando así de los campos de Moab. Llegaron a Belén al comienzo de la siega de la cebada.
— Rut 1:18-22

Finalmente, Noemí decidió no insistir a Rut porque pudo percibir la sinceridad de sus palabras y la firmeza de su decisión, así que se pusieron rumbo a Belén, el lugar donde la familia residía antes de partir para Moab.

Las personas conocían a Noemí y a su familia, por eso cuando ambas llegaron el texto nos dice que las personas se conmovieron, utilizando una palabra que se relaciona a cierto alboroto, puesto que vieron llegar sola con la nuera a una mujer que había partido con su esposo e hijos. Al ver la reacción de las personas, es curioso como Noemí rechaza que la sigan llamando de la misma forma, pues no siente ni gozo ni gracia en ella en esos instantes, y pide que la llamen Mara, un término referido a algo amargo o lleno de amargura.

La suegra de Rut sigue afirmando que ha sido la mano del Señor la que ha dado testimonio contra ella, siente el peso de la mano del Todopoderoso sobre su vida y está llena de dolor, expresando que salió con una familia al completo y vuelve totalmente vacía, sin ellos, habiendo perdido todo, y llena de dolor y amargura.

Como lo mencioné antes, Noemí sigue relacionando su aflicción con la soberana voluntad de Dios, sin embargo, bajo todas esas circunstancias, no está consiguiendo encontrar gozo ni contentamiento, sino que simplemente ver un corazón envuelto por amargura fruto del dolor de todas las pérdidas recientes.

Las situaciones difíciles pueden provocar que nuestros corazones se llenen de los mismos sentimientos que alcanzaron a esta mujer, pues vemos lo mismo sucediendo con Job.

La amargura progresiva de Job

Desnudo salí del vientre de mi madre y desnudo volveré allá. El SEÑOR dio y el SEÑOR quitó; bendito sea el nombre del SEÑOR. — Job 1:21

Cuando leemos este versículo, al inicio de todas las dificultades que estaría enfrentando este varón, siempre lo utilizamos como un ejemplo ante el sufrimiento y las pérdidas.

En lugar de murmurar y reclamar, de quejarse o enfadarse, la voz de Job reconoce que el Todopoderoso da, pero también puede quitar, y ante eso, sigue siendo digno de que su pueblo bendiga su santo nombre.

A pesar de la maravillosa expresión registrada en este primer capítulo, si seguimos leyendo, encontraremos que conforme el dolor llegaba y aumentaba, el corazón de Job se debilitaba.

Hastiado estoy de mi vida: daré rienda suelta a mi queja, hablaré en la amargura de mi alma. — Job 10:1

El capítulo diez, en contraste con la primera expresión que leímos, es un capítulo lleno de queja por todo lo que está enfrentando.

Entendemos que las fuerzas del hombre se debilitan, los corazones se van estremeciendo, el gozo se va mermando, y en ocasiones, debido a las muchas cargas, algunos son invadidos, como Job y Noemí, por la amargura.

Con esto no quiero justificar las personas que son invadidas por la amargura ante cualquier dificultad.

Estamos ante una mujer que en poco tiempo ha quedado viuda y sin hijos y ante un hombre que ha perdido todo, incluso la salud. No estamos ante personas que simplemente perdieron el trabajo o están enfrentando algún problema leve y tienen tendencia a la queja y la murmuración.

A pesar de esto, si podemos empatizar en cierta manera con el dolor de ambos y la condición de su corazón, debemos recordar que la amargura debe ser tratada pues es altamente peligrosa.

Los peligros de la amargura

Mirad bien de que nadie deje de alcanzar la gracia de Dios; de que ninguna raíz de amargura, brotando, cause dificultades y por ella muchos sean contaminados. — Hebreos 12:15

El autor de la carta a los Hebreos afirma que la raíz de amargura puede ser el origen de muchas dificultades en la vida de un creyente e incluso terminar contaminando a muchos.

Es bien sabido que un corazón amargado carece de gozo, pierde el ánimo por la vida y las cosas espirituales, apaga su vida devocional, abandona la gratitud y abraza la queja y la murmuración, es decir, se vuelve un freno en su relación con Dios, un estorbo en su comunión con el prójimo y una piedra de tropiezo en su crecimiento en santidad.

Es por ello que, si sentimos que raíces de amargura empiezan a brotar en nuestro interior, debemos correr al Señor antes de que cojan fuerza para luchar en Dios por arrancarlas, erradicarlas de nosotros y volver a tener un corazón en paz y agradecido en la presencia del Altísimo.

Deseo de corazón que Dios nos permita llegar a poder entonar las mismas palabras que alzó el profeta Habacuc en un momento difícil para la nación.

Una adoración mayor que las circunstancias

Aunque la higuera no eche brotes, ni haya fruto en las viñas; aunque falte el producto del olivo, y los campos no produzcan alimento; aunque falten las ovejas del aprisco, y no haya vacas en los establos, con todo yo me alegraré en el SEÑOR, me regocijaré en el Dios de mi salvación. — Habacuc 3:17-18

El momento en el que Habacuc levanta esa oración es un tiempo de disciplina sobre el pueblo de Dios por causa de su pecado, así como la hambruna que se vivía en Belén en el tiempo de los jueces por causa de la desobediencia de los judíos y la rebeldía contra el Señor, sin embargo, Habacuc era consciente que el obrar soberano de Dios era plenamente justo, recto, y que no existía ninguna reclamación posible hacia Él, por lo tanto, en un acto de humildad y arrepentimiento, exalta al Señor a pesar de las circunstancias.

Cuando somos conscientes de lo que merecemos realmente, el castigo de la condenación eterna, cualquier cosa difícil que nos pase aquí, por muy dura que sea, es poca en comparación. La gracia y misericordia que Dios ha derramado sobre nosotros en Cristo es sobreabundante.

Por ello, cuando en momentos duros se asome en nuestros corazones un leve sentimiento de amargura, recordemos el Evangelio, pensemos hacia dónde íbamos encaminados y cómo Dios envió a su Hijo a rescatarnos y redimirnos de toda nuestra maldad, pagando el pecio de nuestras iniquidades y entregándonos el glorioso regalo de la salvación por pura gracia mediante la fe en Cristo, lo cual, incluso en el dolor, nos llevará a dar cantos de alabanza y exaltación a nuestro eterno Padre celestial.

CAPÍTULO 3

CUANDO DIOS DECIDE CAMBIAR UNA HISTORIA

Introducción

Un hogar dejado atrás por causa de una hambruna, la muerte del esposo con quien había compartido toda su vida y la pérdida de sus dos hijos, había llevado al corazón de Noemí a llenarse de dolor y amargura.

A sus oídos llegan noticias de que las cosas en Belén están mejorando, que la escasez llega a su fin. Entonces decide retomar el camino de vuelta a casa, ya no junto a su familia, sino sola.

Ese era su pensamiento, sin embargo, tras insistir a sus dos nueras, a las que amaba como a hijas, que se quedaran en su tierra donde podrían rehacer sus vidas junto a sus padres y conocidos , una de ellas, Orfa, decide volver a su pueblo y a sus dioses. Pero Rut, tras afirmar que ahora toda su vida y confianza se encuentran en las manos del Dios de Noemí, el Dios de Israel, decide dejar atrás toda su vida pasada para encaminarse al lado de su suegra a una tierra nueva y desconocida para ella, donde más allá de su suegra, no tendría conocido alguno.

Dos mujeres viudas, sin nada en las manos, una de ellas anciana, sin fuerza para trabajar, retoman un camino donde solo una cosa podría hacer que esta historia que parece tener un tono dramático pudiera cambiar radicalmente, y es la soberana voluntad de Dios.

Y eso veremos en el capítulo 2, el momento en que Dios decide empezar a cambiar por completo la historia de estas dos mujeres.

El rico redentor

Y tenía Noemí un pariente de su marido, un hombre de mucha riqueza, de la familia de Elimelec, el cual se llamaba Booz.
— Rut 2:1

En este preciso momento de la historia el texto no nos muestra que Noemí haya acudido directamente a la casa de Booz en busca de socorro, sino que simplemente se nos presenta a este nuevo personaje.

¿Por qué? El motivo principal, a mi parecer, incluye dos enseñanzas.

En primer lugar, porque éste sería el hombre que Dios iba a utilizar para cambiar la historia de estas dos mujeres, especialmente la de Rut, e iba a ser el instrumento utilizado por el Señor para derramar su gracia redentora sobre la vida de ellas.

Pero, en segundo lugar, es muy evidente que Booz es, de algunas formas, un tipo de Cristo, y eso es algo que desearemos ver en los siguientes capítulos.

Así que, no tan solo veremos las virtudes y acciones de este buen hombre, sino que a través de ellas veremos las virtudes de Aquel que nos amó y se dio a sí mismo por nuestros pecados, nuestro Salvador, nuestro Redentor, el Señor Jesús. Dos datos son los que nos menciona el primer versículo sobre Booz:

Era un pariente, parte de la familia, por parte de Elimelec, el que fue esposo de Noemí. Booz era un hombre acomodado, rico en cuanto a su condición material. Más adelante veremos que el ser pariente era algo indispensable en nuestra historia y en las cosas que pasarían en capítulos posteriores.

Así mismo, para ayudar a estas mujeres que se encontraban totalmente desamparadas, vacías y desprovistas de todo, totalmente pobres, solo podía hacerlo alguien que tuviera suficientes bienes como para compartirlos con ellas, y Booz era el hombre indicado.

Aunque debemos reconocer que, no hay mayores riquezas, que aquellas que se encuentran en Cristo Jesús.

Las riquezas de Cristo

A mí, que soy menos que el más pequeño de todos los santos, se me concedió esta gracia: anunciar a los gentiles las inescrutables riquezas de Cristo. — Efesios 3:8

A muchas personas les gusta destacar el hecho de que nuestro Dios es catalogado como el dueño del oro y la plata, y así es, pero no tan solo del oro y la plata sino de toda la creación, pues todo lo hizo y todo le pertenece.

Por otro lado, existe una pobreza mucho mayor que la material, una necesidad mucho más grande que la económica, y es la pobreza espiritual, la necesidad de vida espiritual para aquellos que se encuentran muertos en delitos y pecados.

Todos nosotros estábamos muertos en nuestros delitos y pecados, espiritualmente sin vida para adorar y buscar a Dios, prisioneros de las tinieblas y esclavos de nuestros pecados, por naturaleza hijos de la ira e hijos del diablo como todos aquellos que están de espaldas a Dios, amantes de este mundo y practicantes del pecado.

Pero existe una promesa maravillosa para aquellos que reconocen esta condición, para aquellos que son considerados pobres de espíritu y aceptan y reconocen su miseria, y es que de ellos es el Reino de los cielos.

Es aquel que reconoce su miseria espiritual, arrepentido, y que sabe que nada bueno hay en él, ninguna esperanza hay en su vida, y que reconoce que su única esperanza está en Cristo, que se volverá un heredero del Reino de los cielos.

Para recibir la riqueza espiritual que se encuentra en Cristo primero debemos reconocer nuestra pobreza de espíritu.

Y ahora, como Pablo, nos sentimos privilegiados de haber recibido las riquezas de Cristo, el tesoro del Evangelio, y deseamos que otros puedan reconocer también su miseria, como nosotros lo hicimos, para recibir también este regalo tan maravilloso que solo podemos encontrar en las riquezas que hay en Cristo Jesús.

Solo las riquezas de Cristo podían ser la esperanza para las miserias de pecadores como nosotros.

Veamos, a continuación, cómo sigue nuestra historia.

Buscando limosnas

Y Rut la moabita dijo a Noemí: Te ruego que me dejes ir al campo a recoger espigas en pos de aquel a cuyos ojos halle gracia. Y ella le respondió: Ve, hija mía. 3 Partió, pues, y fue y espigó en el campo en pos de los segadores; y aconteció que fue a la parte del campo que pertenecía a Booz, que era de la familia de Elimelec. — Rut 2:2-3

Suegra y nuera ya se encuentran en su nuevo lugar de residencia, y ahora deben sobrevivir.

No tienen empleo, no tienen hombres que las puedan sustentar como proveedores de la familia, así que es probable que Rut conociera las opciones que existían para personas en su condición, y por eso pide permiso a su suegra para poder ir a recoger espigas de algún campo. Es bonito ver, como dijimos en el anterior capítulo, el afecto y respeto de la nuera hacia la suegra. Hoy en día existe más desprecio y rivalidad entre algunas partes de la familia, algo que Dios no contempla, pues el deseo de Dios es el amor, la honra y el respeto en el núcleo familiar. Es así, con mucho respeto, que Rut pide permiso a su suegra Noemí para ir a espigar un campo.

Recoger espigas caídas y que se quedaban atrás mientras los segadores de un campo trabajaban, era la esperanza de los necesitados según la Ley que Dios había establecido.

Espigas caídas para los necesitados

Cuando seguéis la mies de vuestra tierra, no segaréis hasta el último rincón de ella ni espigaréis el sobrante de vuestra mies;

los dejaréis para el pobre y para el forastero. Yo soy el SEÑOR vuestro Dios. — Levítico 23:22

Cuando siegues tu mies en tu campo y olvides alguna gavilla en el campo, no regresarás a recogerla; será para el forastero, para el huérfano y para la viuda, para que el SEÑOR tu Dios te bendiga en toda obra de tus manos. — Deuteronomio 24:19

Nuestros Dios es tan inmensamente bueno que no pierde de vista a las personas más necesitadas.

Cuando una persona tenía un campo y usualmente tenía trabajadores que lo cultivaban y cosechaban, siempre era normal mientras se trabajaba que algunas cosas se cayeran al suelo. Si han trabajado el campo sabrán que eso es totalmente cierto.

Ya sea recogiendo árboles frutales, o lanzando las patatas cosechadas a un canasto, o cualquier otro tipo de cosecha abundante, siempre existen piezas de frutas, vegetales o similares que se caen, que quedan atrás.

¿Qué hacemos normalmente? Dar un segundo paseo por la zona y regresar por todo lo caído para que no se desperdicie nada. Pero, ¿Qué instrucción dio el Señor? Que no volvieran, que dejaran lo que se había caído, para que aquellos que tenían necesidad pudieran ir y comer, de alguna forma, las migajas que caían de los campos de sus vecinos.

Tenemos un Dios lleno de compasión y bondad, que se acuerda incluso de aquellos que los demás pasan por alto.

El Dios de los necesitados

Porque él librará al necesitado cuando clame, también al afligido y al que no tiene quien le auxilie. Tendrá compasión del pobre y del necesitado, y la vida de los necesitados salvará. Rescatará su vida de la opresión y de la violencia, y su sangre será preciosa ante sus ojos. — Salmos 72:12-14

Bajo ese contexto Rut se dirige a recoger espigas de algún campo, tras los segadores y solo espera hallar gracia ante los ojos del propietario. ¿Por qué?

En primer lugar, había abusos, puesto que había personas que no trabajaban y simplemente vivían de la caridad de otros, fomentando la pereza mientras otros se esforzaban por el sustento diario, y siendo esto algo totalmente prohibido por el Señor. El Señor ayudaba a los necesitados, pero castigaba y reprendía a los vagos e irresponsables, a lo cual es contundente al decir que el que no trabaja, no tiene derecho a comer. Esto también sucede a día de hoy, donde vemos que muchas personas prefieren hacer ilegalidades y vivir de las ayudas mientras otros pagan los impuestos que con su duro trabajo pagan. Y, obviamente, esto llevaba a muchos a no querer ayudar.

En segundo lugar, la propia codicia de los hombres los llevaba muchas veces a no querer cumplir ese mandato y su corazón no aceptaba ayudar a otros, con lo que se negaban a compartir lo más mínimo de sus cosechas.

Y, en tercer lugar, recordemos que es el tiempo de los jueces, donde las personas ignoraban la Ley de Dios y cada quien vivía conforme a sus propios deseos, por lo tanto, sería difícil encontrar una persona que estuvieran acatando esos aspectos de los mandamientos dados al pueblo.

Así que, la única esperanza de Rut era la gracia que algún hombre, dueño de un campo, pudiese tener sobre su vida.

¿Y en qué campo Rut empezó a recoger las espigas caídas? En el campo que pertenecía a Booz. ¿Creen que fue casualidad o que Dios estaba empezando a hacer las cosas perfectas para cambiar la historia de estas mujeres para siempre?

Así como Rut, amados hermanos, la única esperanza para los hombres desamparados y esclavizados como nosotros, la única solución posible para pecadores como lo éramos, era caer en las manos de alguien lleno de abundante gracia. Y fue eso mismo, las manos del Dios de gracia, las que entregaron a su Hijo para morir en nuestro lugar. Fueron las manos del Dios de gracia las que dieron vida a nuestro corazón. Fueron las manos del Dios de gracia las que nos dieron fe para creen el mensaje del Evangelio y nos condujeron al arrepentimiento. Fueron las manos del Dios de gracia las que nos dieron vista cuando estábamos ciegos y nos fue a buscar cuando estábamos perdidos.

Nuestra única esperanza era la inmensa gracia divina, y fue esa gracia la que nos alcanzó.

Es por eso que, tanto en la historia de Rut como en nosotros, vemos un redentor lleno de gracia.

El Dios que se acerca

Y he aquí que vino Booz de Belén, y dijo a los segadores: El SEÑOR sea con vosotros. Y ellos le respondieron: Que el SEÑOR te bendiga. Entonces Booz dijo a su siervo que estaba a cargo de los segadores: ¿De quién es esta joven? Y el siervo a cargo de los segadores respondió y dijo: Es la joven moabita que volvió con Noemí de la tierra de Moab. — Rut 2:4-6

El saludo que nos encontramos entre Booz y sus trabajadores nos indica que se trataba de un hombre y un entorno en el cual las personas eran temerosas del Señor. Lo siguiente que vemos es el interés que Booz muestra sobre Rut, preguntando a quién pertenecía.

Algunos estudiosos consideran que esta pregunta estaba relacionada con la familia a la que pertenecía. Otros consideran que podía ser interés en la joven al preguntar si tenía esposo.

Sea cual sea la opción más acertada, la realidad es que vemos un interés particular en Booz en conocer quién era realmente Rut, a lo que sus siervos respondieron que eran la moabita que volvió de la mano de Noemí.

Quizá otro señor, otro propietario de campos, se podría haber enfadado y castigado a sus siervos por permitir que una extranjera estuviera sin permiso cogiendo espigas de su campo. Otro, sin embargo, podría tan solo haberla ignorado, permitiendo que ese día saciara su apetito y simplemente olvidando la cara de esa muchacha por siempre. Este no fue el caso de Booz, el cual empezó a mostrar un interés en esa joven.

No podemos afirmar que se trató de amor a primera vista, pues quizá fue movido por la compasión y la misericordia al ver una joven, extranjera y sola trabajando duro en sus campos para sobrevivir. Lo que sí es cierto es que Booz se interesó en ella, así como Dios se interesó en nosotros.

No éramos más que extranjeros, alejados del pueblo de Dios, pertenecientes al reino de las tinieblas, adoradores de nuestros propios ídolos y pasiones, sin embargo, en medio de toda esa situación, Dios tuvo compasión y se interesó por nuestras vidas, algo que cambiaría por siempre nuestra historia, así como sucedería con la historia de Rut.

La Biblia afirma que Dios está cercano a cada uno de nosotros, y esa realidad está presente en este relato, pues aunque la joven moabita no lo percibía, aunque no era consciente de ello, así como nosotros en el pasado tampoco lo éramos, había un propósito redentor que se iba a cumplir pronto sobre su vida, así como el Señor cumplió su propósito salvador en nosotros.

Uno de los atributos, juntamente con su maravilloso y eterno amor, el cual relacionamos con la salvación recibida, es la gran misericordia de nuestro buen Dios, así como podremos ver a continuación la misericordia mostrada por Booz.

El redentor misericordioso

Y ella dijo: «Te ruego que me dejes espigar y recoger tras los segadores entre las gavillas». Y vino y ha permanecido desde la mañana hasta ahora; solo se ha sentado en la casa por un momento. Entonces Booz dijo a Rut: Oye, hija mía. No vayas a espigar a otro campo; tampoco pases de aquí, sino quédate con mis criadas. Fíjate en el campo donde ellas siegan y síguelas, pues he ordenado a los siervos que no te molesten. Cuando

tengas sed, ve a las vasijas y bebe del agua que sacan los siervos.
— Rut 2:7-9

En este momento del relato las vidas de Rut y Booz empiezan a acercarse, empezando por un pedido de permiso para poder espigar y recoger las gavillas que iban cayendo para poder sustentarse.

Esta joven no era para nada perezosa, pues el texto muestra con claridad que había estado trabajando durante toda la jornada y que tan solo se sentó un momento breve a descansar. ¡Qué joven esforzada! La verdad es que vemos ciertas actitudes en Rut que también son admirables. El respeto que tenía por su suegra; el amor y compasión que mostraba por ella al no dejarla quedar sola sabiendo que ya era de edad avanzada ; la iniciativa de salir a buscar el sustento, no solo para su vida, sino también para la de Noemí; y el arduo trabajo y esfuerzo que muestra, no trabajando un par de horas, sino toda una jornada, en un trabajo físicamente agotador y bajo el sol de esas tierras. Realmente una mujer admirable en muchos sentidos e imitable en muchas formas.

¿Cuál es la reacción de Booz al saber del esfuerzo y el trabajo de Rut?

Le pide que no se vaya a otro campo, ya que no sabe lo que otras personas le podrían hacer. Además, ya no quiere que actúe como una extranjera o extraña, sino como otra de sus siervas, para que pueda, no recoger de lo que sobra sino espigar junto a ellas. Además, la cuida, garantizando que ninguno de sus siervos se va a entrometer o buscarle algún problema, y finalmente, le ofrece refrigerio, sabiendo que es un trabajo fatigoso le dice que puede tomar agua de la que sus siervos saquen regularmente para beber, agua que ella no tendría que buscar constantemente en algún pozo lejano.

Y no podemos pasar por alto la expresión *«hija mía»*, sabiendo que no tienen un parentesco de ese tipo, pero mostrando nuevamente la ternura y afecto con la que Booz está mirando a la joven.

¡Cuánta misericordia acaba de mostrarle Booz! Así mismo nosotros hemos recibido la misericordia y benevolencia de nuestro Redentor.

Nuestro Cristo misericordioso

El Espíritu del Señor DIOS está sobre mí, porque me ha ungido el SEÑOR para traer buenas nuevas a los afligidos; me ha enviado para vendar a los quebrantados de corazón, para proclamar libertad a los cautivos y liberación a los prisioneros; para proclamar el año favorable del SEÑOR, y el día de venganza de nuestro Dios; para consolar a todos los que lloran.
— Isaías 61:1-2

¡Cuánta bondad y misericordia hay en nuestro amado Salvador!

Nos dio vida cuando estábamos muertos, sanó las heridas de nuestros pecados cometidos, nos trajo libertad y redimió cuando éramos esclavos y rompió las cadenas que nos tenían en la prisión de las tinieblas, para que finalmente, al hacernos ver nuestro pecado y llevarnos al arrepentimiento, al ver nuestras lágrimas por el dolor del quebranto por reconocer nuestra maldad, darnos el consuelo de su salvación y la promesa de la vida eterna.

Así como Booz hizo con Rut, ahora Dios nos permite trabajar en sus campos en el Reino de la luz, ya no somos extraños para Él sino que pertenecemos a sus siervos y a su familia, nos protege y nos cuida y finalmente, quizá lo más importante, nos ha dejado el agua de su manantial disponible, agua que no tenemos que sacar de un poco, agua viva que brota del Señor y que ahora ha hecho que ríos de agua viva fluyan también de nosotros. ¡Cuánta misericordia y bondad ha derramado Dios sobre nosotros en Cristo Jesús!

Y no solo eso, sino que, así como Booz llamó hija mía a Rut, nosotros tenemos la dicha de, en Cristo, ahora ser llamados hijos de nuestro Padre celestial.

¿Cómo podía Rut reaccionar ante todo esto que se le había concedido?

Alabando la gracia recibida

Ella bajó su rostro, se postró en tierra y le dijo: ¿Por qué he hallado gracia ante tus ojos para que te fijes en mí, siendo yo extranjera? — Rut 2:10

No existía una actitud más humilde y agradecida que la que acababa de mostrar Rut. Inclinó su rostro y se postró, reconociendo que no merecía nada, que era una simple extranjera, que podía haberla echado de su campo o simplemente dejado que cogiera algunas sobras, pero halló gracia ante sus ojos.

Qué triste es cuando nos jactamos de cosas delante del Señor. Nosotros hemos alabado las actitudes de Rut, sin embargo, ella no se alababa a sí misma, ella no se daba golpes en el pecho reconociendo que lo que Booz le acababa de conceder era más que merecido. Ella no era mala como Orfa que dejó a su suegra, ella sí amaba de verdad y no como las otras mujeres que solo aman cuando hay intereses. Ella se había hecho cargo de su suegra y encima se puso a trabajar duramente. ¡Se merecía lo que Booz le daba y mucho más! Muchas personas habrían pensado de esa forma, pero no así Rut.

Es triste cuando algunas personas, ante Dios, e incluso ante sus bendiciones, consideran que son merecedores de las mismas. Muchos consideran que merecen más favor de Dios porque son más santos que otros, oran más que otros, van más a la iglesia que otros, pecan menos que otros, etc. Por eso, en lugar de gratitud por lo que tienen, su corazón se enorgullece considerando que es más que merecido e incluso es rápido para reclamar cuando algo le falta creyendo que no es lo que merecía por todo su esfuerzo. ¡No mis hermanos, todo lo que tenemos es por gracia! ¡Solo por gracia!

El Cristo lleno de gracia

Pero Dios, que es rico en misericordia, por causa del gran amor con que nos amó, aun cuando estábamos muertos en nuestros delitos, nos dio vida juntamente con Cristo (por gracia habéis sido salvados) — Efesios 2:4-5

¡Ay si supiésemos como Rut que solo éramos extranjeros, que éramos pecadores destinados al mismo infierno y que nos han dado, no solo gracia salvadora, sino multitud de bendiciones en Cristo!

Pero aquellos que realmente, como Rut, solo son capaces de reconocer que nada bueno merecían y que todo lo que tienen es fruto de haber hallado gracia ante los ojos de Dios, solo pueden hacer una cosa, postrarse en tierra y adorar a nuestro buen Dios.

La adoración con nuestra vida, la actitud constante de gratitud y una alabanza constante a sus maravillas son las cosas propias que trasbordan de aquellos que reconocemos que hemos sido alcanzados por la divina gracia redentora.

A pesar de reconocer que todo es por gracia, eso no significa que Booz, al igual que el Señor Jesús, ignoren las buenas obras que realizamos.

Un redentor que valora las buenas obras

Y Booz le respondió, y dijo: Todo lo que has hecho por tu suegra después de la muerte de tu esposo me ha sido informado en detalle, y cómo dejaste a tu padre, a tu madre y tu tierra natal, y viniste a un pueblo que antes no conocías. Que el SEÑOR recompense tu obra y que tu remuneración sea completa de parte del SEÑOR, Dios de Israel, bajo cuyas alas has venido a refugiarte. 13 Entonces ella dijo: Señor mío, he hallado gracia ante tus ojos, porque me has consolado y en verdad has hablado con bondad a tu sierva, aunque yo no soy como una de tus siervas. — Rut 2:11-13

Booz estaba informado de las cosas que Rut había hecho por Noemí, incluso el sacrificio de dejar atrás a su familia para acompañarla a un lugar nuevo para ella.

Seguidamente, Booz desea que el Señor la bendiga por eso, el Dios de Israel, no los falsos dioses que Rut había dejado atrás en Moab.

Además, Booz afirma algo que nos recuerda la conversión de Rut, el hecho de reconocer que en ese Dios, el único y verdadero Dios, se estaba ahora refugiando la joven moabita.

A todas estas palabras de Booz, Rut vuelve a reconocer que es gracia lo que está recibiendo y no el mérito personal de sus buenas acciones.

Me encanta la actitud de humildad que Rut presenta en todo tiempo al reconocer la gracia que está recibiendo en todo momento.

Podía haber, en esta parte del relato, darle la razón a Booz y decirle que hacía bien en recompensarla, que realmente se había esforzado mucho y que, para qué nos íbamos a engañar, ciertamente se lo merecía. Pero no es así con Rut, sino que vuelve a reconocer que sea lo que sea que haya hecho, ella no es una de sus siervas, no merece dicho trato, y que todo sigue siendo fruto de la gracia con la que Booz la ha mirado.

De la misma forma que Booz, Cristo está al corriente de todo lo que hacemos día tras día.

El Cristo que ve nuestras obras

Porque todos nosotros debemos comparecer ante el tribunal de Cristo, para que cada uno sea recompensado por sus hechos estando en el cuerpo, de acuerdo con lo que hizo, sea bueno o sea malo. — 2 Corintios 5:10

Un día estaremos todos ante el tribunal de Cristo donde nuestro Señor estará plenamente informado de todo lo que hayamos hecho, e incluso lo que hayamos pensado, pues en su Omnisciencia, todo lo sabe y conoce, nada escapa a su conocimiento.

Recordemos que la salvación es solamente por gracia, y que únicamente la soberana voluntad de Dios obra en los corazones que son regenerados, sin embargo, no podemos olvidarnos de la responsabilidad humana, de la gran cantidad de instrucciones, mandamientos y deberes que tenemos como creyentes, y de los que somos responsables a diario, que tanto si los hacemos como si los ignoramos, Dios lo tiene presente, y un día estaremos ante Él para tratar estos asuntos.

La Biblia es clara al afirmar que nada de lo que hacemos en cuanto a la obra del Señor es en vano, que el Señor contempla todo nuestro trabajo y, además, que sostiene y fortalece a diario a sus siervos, a los que muchas veces recompensa, por gracia, con maravillosas bendiciones.

Así es amados hermanos, aunque muchas veces veamos la recompensa divina por nuestras obras o trabajo, el resultado bendecido de nuestras labores, no podemos olvidar, que no es mérito, sino gracia, todo lo que nos viene por parte del Altísimo. Eso hará que no nos demos golpecitos de orgullo en el pecho, sino que cantemos alabanzas de gratitud al que con favor nos mira y trata todos los días de nuestra vida.

Lo siguiente que vamos a ver en nuestro pasaje resulta también muy interesante.

Bendecidos sin percibirlo

Y a la hora de comer Booz le dijo: Ven acá para que comas del pan y mojes tu pedazo de pan en el vinagre. Así pues ella se sentó junto a los segadores; y él le sirvió grano tostado, y ella comió hasta saciarse y aún le sobró. Cuando ella se levantó para espigar, Booz ordenó a sus siervos, diciendo: Dejadla espigar aun entre las gavillas y no la avergoncéis. También sacaréis a propósito para ella un poco de grano de los manojos y lo dejaréis para que ella lo recoja, y no la reprendáis. Y ella espigó en el campo hasta el anochecer, y desgranó lo que había espigado y fue como un efa de cebada. Y lo tomó y fue a la ciudad, y su

suegra vio lo que había recogido. Y sacó también lo que le había sobrado después de haberse saciado y se lo dio a Noemí.
— Rut 2:14-18

La historia continúa con una invitación a la mesa de Booz.

Estimados hermanos, recordemos que se trata de una mujer extranjera, sin trabajo, sin recursos, en tierra nueva para ella, sin conocidos más allá de su suegra, y ahora, se encuentra sentada en la mesa de un hombre rico en bienes y rico en misericordia. ¡Cuánta gracia estaba teniendo Dios para con Rut!

¿Creen que la cosa no se puede poner mejor?, ¿quién sirve a Rut la comida?, ¿se sirve ella misma?, ¿la sirve algún trabajador de Booz? No, sino que Booz mismo, el señor de todos ellos, el señor de esas tierras, fue el que sirve directamente a Rut. Le ofrece pan mojado en vinagre (debemos tener en cuenta que esa traducción nos hace pensar en lo que usualmente utilizamos para aliñar las ensaladas, sin embargo, en el contexto histórico y cultural, la palabra original también se utilizaba para expresar una salsa refrescante que usualmente se utilizaba para mojar el pan y comerlo de dicha forma), grano tostado y una cantidad de alimento con la cual pudo saciarse, tanto como para no agotarse.

Qué maravilloso es ver que, tal y como hemos cantado tantas veces, siendo enemigos del Señor hoy nos sentamos a su mesa y podemos comer del pan que Él mismo nos ha provisto. ¡Asombrosa gracia de Dios!

Ahora Booz se dirige a sus siervos, y no solo les pide que la dejen espigar, sino que disimuladamente dejen caer a propósito un poco de grano para que ella lo coja, que terminó siendo como un efa de cebada, lo que podría ser, aproximadamente, entre 20 y 30 kilogramos. Finalmente se vuelve a casa con todo lo que ha conseguido espigar.

Seguimos asombrados con lo esforzada que era esta muchacha, puesto que nuevamente ha trabajado hasta el anochecer y está cargando, probablemente ella sola, todo ese peso hasta la casa donde la esperaría Noemí.

Seguro que el corazón de Rut estaría feliz y repleto de gozo al ver cuánto grano se estaba encontrando en el suelo, sin saber ella que todo era un regalo de Booz.

Así, nosotros, a veces vamos recibiendo tantas bendiciones en la vida, de la mano de un vecino, de un amigo, de un familiar, de un trabajo, etc., que pasamos por alto en muchas ocasiones, que provienen realmente de la buena mano del Señor que nos bendice.

Llegamos a los últimos versículos de nuestro capítulo donde vamos a volver a ver a uno de los personajes que salieron de Moab y que no habíamos vuelto a ver hasta ahora, a Noemí.

De la amargura a la esperanza

Entonces su suegra le dijo: ¿Dónde espigaste y dónde trabajaste hoy? Bendito sea aquel que se fijó en ti. Y ella informó a su suegra con quién había trabajado, y dijo: El hombre con el que trabajé hoy se llama Booz. Y Noemí dijo a su nuera: Sea él bendito del SEÑOR, porque no ha rehusado su bondad ni a los vivos ni a los muertos. Le dijo también Noemí: El hombre es nuestro pariente; es uno de nuestros parientes más cercanos. Entonces Rut la moabita dijo: Además, él me dijo: «Debes estar cerca de mis siervos hasta que hayan terminado toda mi cosecha». Y Noemí dijo a Rut su nuera: Es bueno, hija mía, que salgas con sus criadas, no sea que en otro campo te maltraten. Y ella se quedó cerca de las criadas de Booz espigando hasta que se acabó la cosecha de cebada y de trigo. Y vivía con su suegra. — Rut 2:19-23

Imagino a Noemí aguardando todo este tiempo la llegada de su nuera.

Con todas las cosas que le habían sucedido en los últimos tiempos sería normal imaginarla preocupada por la condición de Rut, ya que debemos recordar que se trata de una extranjera, sin conocidos, fuera de casa, joven, etc.

Además, dependían de lo que Rut hubiera conseguido, y también estaría en el corazón de Noemí el ver la provisión que la joven traería a casa, y para su sorpresa la ve regresar con abundancia.

Imagino el corazón de Noemí empezando a tener un poco más de consuelo y alegría al ver que el Señor había bendecido de aquella forma a Rut, pero, cuando le pregunta por el dueño del campo donde estuvo trabajando y le menciona el nombre Booz, y no solo eso, sino el cuidado y atención que Booz había tenido para con ella, el corazón que anteriormente estaba lleno de amargura empieza a rebosar de gozo, incluso bendiciendo al Señor nuevamente llena de alegría, al reconocer que no era casualidad lo que estaba sucediendo, sino la buena y misericordiosa mano del Señor que estaba obrando con gracia para con ellas.

¿Por qué tanta alegría al saber que se trataba de Booz? Primeramente, como Noemí menciona, por el hecho de ser un pariente cercano, algo que ya habíamos visto al inicio.

Un pariente muy cercano

Y tenía Noemí un pariente de su marido. — Rut 2:1a

Le dijo también Noemí: El hombre es nuestro pariente; es uno de nuestros parientes más cercanos. — Rut 2:20b

---

Pero, no era esto solamente, sino que esta situación abría una puerta de forma repentina que podía cambiar mucho sus vidas para siempre, y era que, así como Noemí conocía la ley que afirmaba que si un hombre moría sin hijos, su hermano debía tomar a su esposa y darle un hijo colocándole el nombre de su difunto hermano, pero al mismo tiempo sabía que no existía ninguno hijo más en su seno que pudiera hacer tal cosa; así mismo conocía que había otra opción que les podía ser favorable, y era la de un pariente que comúnmente se conoce con el término de pariente redentor.

El pariente redentor

> Si uno de tus hermanos llega a ser tan pobre que tiene que vender parte de su posesión, su pariente más cercano vendrá y redimirá lo que su hermano haya vendido. — Levítico 25:25

> Si aumentan los bienes del forastero o del peregrino que mora contigo, y si empobrece tu hermano que está con él, y se vende al forastero que mora contigo, o se vende a los descendientes de la familia de un forastero, él tendrá derecho de redención después de ser vendido; uno de sus hermanos podrá redimirlo; o su tío o el hijo de su tío podrán redimirlo; o un pariente cercano de su familia podrá redimirlo; o si prospera, él mismo podrá redimirse. — Levítico 25:47-49

Cuando había un pariente cercano con una buena condición económica que era consciente de que algún familiar se encontraba con deudas adquiridas, en servidumbre o situaciones similares, se daba la opción de que dicho pariente pudiera redimirlo, pagar el precio de su deuda, cancelar su servidumbre o esclavitud, pagando el precio oportuno, redimiendo a sus familiares de esa condición en la que se encontraban y trayendo nuevamente libertad y alivio sobre ellos.

Noemí sabía que Booz cumplía esos requisitos, que podía ser alguien que las redimiera, o incluso que se allegase a Rut, de forma que sus vidas dejaran de estar en esa condición de miseria y necesidad y volvieran a sentirse libres y aliviadas, por ello, su suegra anima a la joven a seguir trabajando en sus campos, aprovechando la opción de trabajar con sus siervas, y así, sea lo que sea que pudiera suceder, al menos estaría cuidada y protegida.

Deseo terminar con esto amados hermanos, y es que, así como Booz era el pariente que podía redimir a esas mujeres de su situación, Cristo también es nuestro pariente redentor.

Cristo, nuestro redentor

Aguardando la esperanza bienaventurada y la manifestación de la gloria de nuestro gran Dios y Salvador Cristo Jesús, quien se dio a sí mismo por nosotros, para REDIMIRNOS DE TODA INIQUIDAD y PURIFICAR PARA SI UN PUEBLO PARA POSESIÓN SUYA, celoso de buenas obras.
— Tito 2:13-14

Jesús se dio a sí mismo por nosotros, pagó el precio de nuestra maldad y nos redimió de nuestra vana manera de vivir, no con oro ni plata, sino con su preciosa sangre.

Tomó nuestras vidas cuando estaban en condición de miseria, algo que nadie más en esta tierra podría haber hecho, pero el Hijo de Dios se encarnó y vivió la vida perfecta que no podíamos haber vivido nosotros jamás, para poder ser perfecto y justo a los ojos del Padre en todo, y ahora, tras habernos arrepentido de nuestros pecados y depositado toda nuestra fe en Él, otorgarnos su justicia, cancelar el documento que nos era adverso y el cual nos condenaba ante la Ley y Dios por nuestros pecados, redimirnos de nuestra condición y darnos una nueva vida, libres en Cristo, para honra y gloria de Dios el Padre.

Quiero recordarte además que, ya que tenemos el privilegio de vivir y caminar entre sus siervos, es mejor seguir ahí, donde estaremos seguros ya que en otros campos podemos resultar lastimados.

Demos gracias a Dios por nuestro Cristo, nuestro amado Redentor, que no tenía que hacerlo, y nosotros no podíamos pagarlo, pero que por pura gracia nos sentó a su mesa y nos hizo parte de su pueblo, cuando solo éramos pecadores ajenos a la ciudadanía celestial. ¡Cuan grande y bueno es nuestro Dios!

CAPÍTULO 4

LA MUJER QUE APARECIÓ DE NOCHE

Introducción

Existen ciertos relatos en la Biblia que son realmente difíciles de comprender, incluso conociendo el contexto cultural e histórico en el que se desarrollan.

En ocasiones, Dios ha hecho cosas como las que leemos en el libro de Oseas, donde pide a su profeta que tome a una ramera como esposa y que tenga hijos con ella. Obviamente, no debemos entender con esto que el Señor está permitiendo o animando a sus hijos a tomar actitudes similares, sin embargo, existen historias bíblicas muy llamativas, como esa, a través de las cuales Dios deja maravillosas enseñanzas.

En el capítulo tres del libro de Rut encontramos una escena un tanto peculiar y podríamos decir que incluso difícil de comprender plenamente, ya que si no fuera un poco compleja todos los buenos teólogos a lo largo de la historia se hubiesen puesto de acuerdo en su significado, pero no es el caso.

Así que intentaremos, dentro de la comprensión bíblica que el Señor nos conceda y dentro del marco contextual en el cual nos encontramos, explicar de la mejor manera posible los sucesos de este capítulo y traer una enseñanza práctica y profunda a nuestros corazones.

El buen deseo de Noemí hacia Rut

Después su suegra Noemí le dijo: Hija mía, ¿no he de buscar seguridad para ti, para que te vaya bien? — Rut 3:1

Dejamos atrás el capítulo dos en el cual, tras haber sido enormemente bendecida por Booz y haber visto la mano de gracia y bondad de Dios sobre su vida, Rut había regresado a casa con varios quilos de sustento a sus espaldas.

El corazón de Noemí, quien anteriormente quería llamarse Mara puesto que se había llenado de amargura, ahora está empezando a sonreír nuevamente, al ver todo lo favorable que el Señor está siendo para con ellas dos.

El capítulo que nos compete ahora empieza con un diálogo entre suegra y nuera, donde Noemí expresa a Rut que debe hacer algo para buscar seguridad para su vida, para que le vaya bien.

El buen deseo del corazón de Noemí no es nada nuevo, sino que ya lo habíamos podido ver en Rut 1:8-9.

Un deseo sincero del corazón

Y Noemí dijo a sus dos nueras: Id, volveos cada una a la casa de vuestra madre. Que el SEÑOR tenga misericordia de vosotras como vosotras la habéis tenido con los muertos y conmigo. — Rut 1:8

Cuando sus nueras acababan de enviudar y Noemí sabía que no tenía otros hijos con los que ellas pudieran casarse o tener descendientes, decidió insistirles que regresaran a casa de sus familias.

En su tierra y con sus familias podían encontrar protección, sustento e incluso podían volver a casarse con hombres de su ciudad, ya que eran todavía muchachas jóvenes. Noemí era consciente de que no tenía nada que ofrecer a estas chicas. Así que, a pesar de que eso conduciría a una gran soledad para ella, decidió insistir para que sus nueras estuvieran mejor de lo que estarían a su lado, a lo que pudimos ver que una de ellas accedió, mientras que Rut decidió seguirla, a razón de que había abandonado sus antiguos y falsos dioses, había puesto su fe y confianza en el único Dios verdadero, y quería seguir al lado de su suegra para cuidarla.

Ese deseo del bien hacia el prójimo no debería ser algo sorprendente, debería ser común en el corazón de todos los creyentes.

Un deseo en el corazón del creyente

Amado, ruego que seas prosperado en todo así como prospera tu alma, y que tengas buena salud. — 3 Juan 1:2

El Apóstol Juan en su tercera carta, dirigida a un hermano en la fe al que amaba sinceramente, le expresa su deseo de que le vaya bien en todas las áreas de su vida. Veía cómo ese hombre estaba creciendo espiritualmente y le deseaba lo mismo en las demás áreas.

¿Quién no desea lo mejor para un hijo?, ¿quién no desea lo mejor para un amigo? Pues es normal desear el bien para aquellos a los que amamos.

Como hijos de Dios somos llamados a reír con los que ríen y llorar con los que lloran, es decir, a alegrarnos con lo bueno que llegue a la vida de nuestros hermanos y entristecernos con los momentos duros o situaciones difíciles que puedan enfrentar, algo que solo puede suceder si realmente nos amamos los unos a los otros.

Es triste cuando el rencor, los celos o la envidia provocan que, en lugar de alegrarnos con el bien de muchos, algunas personas se enfaden o entristezcan cuando a otros las cosas les marchan bien y a ellos no les va todo igual o mejor.

Entendemos que Dios es soberano y decide dar o quitar, en cualquier área, a cada quien, conforme a su voluntad. Nosotros, a pesar de que en alguna área sintamos que no somos tan favorecidos, por amor, deberíamos desear el bien y alegrarnos con aquellos que lo pueden ser en mayor medida.

Eso es lo que había en el corazón de Noemí hacia Rut, sin embargo, y como dijimos que trataríamos un pasaje complejo, el pedido que le hará Noemí a su nuera ahora será un tanto peculiar, un poco extraño y, desde mi punto de vista personal, bastante arriesgado.

Una estrategia un tanto extraña

Ahora pues, ¿no es Booz nuestro pariente, con cuyas criadas estabas? He aquí, él avienta cebada en la era esta noche. Lávate, pues, úngete y ponte tu mejor vestido y baja a la era; pero no te des a conocer al hombre hasta que haya acabado de comer y beber. Y sucederá que cuando él se acueste, notarás el lugar donde se acuesta; irás, descubrirás sus pies y te acostarás; entonces él te dirá lo que debes hacer. Y ella le respondió: Todo lo que me dices, haré. — Rut 3:2-5

¿Suena o no suena extraña la petición de Noemí a Rut?

Noemí le acaba de pedir a Rut, que prácticamente a escondidas, cuando ya sea de noche, y nadie más la vea, aprovechando que Booz se encuentra solo y tumbado en su cama descansando tras la cena; debería descubrir ligeramente sus pies y ella recostarse sobre ellos, en la parte inferior del lugar donde Booz estaría acostado.

Muchos han tratado de justificar esto como que se trataba de una petición de matrimonio un tanto peculiar. Sin embargo, debemos ser realistas, ya que en aquel entonces que una mujer fuera la que pedía matrimonio no debía ser nada común, y mucho menos por la noche, a escondidas y tumbada a los pies de donde el hombre dormía. Si fuera simplemente una petición de matrimonio, podía haber ido Noemí un día normal a hablar con Booz, explicarle la situación, y ofrecerle a Rut como esposa para que así pudieran ser redimidas ambas. Pero lo que vemos en nuestro texto no es nada parecido a eso.

Otros argumentan, y es totalmente cierto, que ponerse a los pies de un hombre de esa manera era una señal de total sumisión y rendición, y que Rut, con una actitud de sierva, estaría mostrando a Booz que estaba sometida a él. Si bien es cierto, y ya hemos visto previamente a Rut inclinada en actitud servicial y humildemente ante la gracia recibida, hacerlo por la noche, a escondidas y a solas donde el hombre duerme, no deja de ser algo muy extraño.

Si realmente fuera algo que no llevaría a nadie a pensar mal ¿por qué hacerlo a escondidas cuando nadie más la pudiera ver y en la noche?

Noemí sabía que si alguien veía a Rut en esa condición lo primero que llegarían a pensar es que se estaba insinuando a Booz, poniendo su cuerpo a su disposición.

Además, hemos visto cómo Rut ha accedido a cumplir las órdenes de su suegra, y ¿qué hubiera pasado si Booz la hubiera tomado para sí queriendo intimidad con ella?, ¿habría accedido también Rut?

Obviamente, si eso hubiese pasado, Booz hubiera tomado también a Rut como esposa, pero realmente, y en el contexto cultural e histórico de nuestro texto, la escena no sería muy bien vista por los demás.

Lo que es cierto es que no sabemos el pensamiento de Noemí al tomar esa decisión y actuar de esa forma.

Antes de seguir con el pasaje y ver el desarrollo de la escena para poder dejar algunos pensamientos al respecto, déjenme dar algunos consejos a partir de esto que acabamos de leer.

El fin no justifica los medios

¿Y por qué no decir (como se nos calumnia, y como algunos afirman que nosotros decimos): Hagamos el mal para que venga el bien? La condenación de los tales es justa. — Romanos 3:8

Muchos pensaban, ante el discurso de Pablo, que si donde abundaba el pecado sobreabundaba la gracia, y que así veíamos con mayor claridad la grandeza de la misericordia y bondad de Dios, entonces sería mejor pecar más para que el perdón de Dios fuera todavía más llamativo. ¡Qué absurdo!

El hombre, por causa de su pecado, ha llegado a pensar que, si la meta es buena en sí misma, los medios para alcanzarla siempre serán justificados.

Es como aquellos que dicen que para que su familia pueda comer se ven con la necesidad de robar a otros. Querer alimentar a nuestras familias es lícito, pero usar el robo o el atraco como medio no lo es.

Algunos padres han llegado a mentir para librar a sus hijos de algunos problemas, sin embargo, a pesar de que desear proteger a un hijo es algo normal, usar la mentira para hacerlo es totalmente ilícito.

Otros desean una mejor estabilidad económica para su familia y utilizan ganancias ilegales o buscan atajos en loterías y apuestas. Nada de malo hay en desear una estabilidad financiera para nuestros hogares, pero no podemos buscarla a cualquier costo.

Cuando se trata de los creyentes y de aquellos que vivimos ante los ojos de Dios, la meta debe ser buena en sí misma, así mismo deben serlo los medios para alcanzarla y el camino que seguimos para llegar a ella. Tanto la finalidad como el proceso son importantes para Dios y no debemos pecar en ambas cosas.

Pensando en esto me gustaría dejar otro consejo que vino a mi corazón mientras leía este pasaje.

No corramos riesgos innecesarios

¿Puede un hombre poner fuego en su seno sin que arda su ropa? — Proverbios 6:27

¿Qué hubiese sucedido si Booz pide tener relaciones sexuales con Rut?, ¿qué reputación o imagen hubiera cargado Rut si las criadas o siervos de Booz la descubren a los pies de su cama esa noche a solas? Considero que la escena conlleva riesgos innecesarios, que quizá no debían haberse tomado y podía haberse actuado de otra forma (a pesar de que creo en la soberanía de Dios a lo largo de toda esta historia).

El proverbio que acabamos de citar me recuerda a una frase que me decían mucho desde pequeño a modo de advertencia *'el que juega con fuego se termina quemando'*.

Muchas personas corren riesgos innecesarios en su vida lo que les conduce muchas veces a cometer pecados que tienen consecuencias duras y, a veces, que duran por mucho tiempo.

Existen cosas que no son en sí mismas pecaminosas, sin embargo, quizá no son prudentes ni adecuadas por el riesgo que conllevan.

Un ejemplo claro son dos jóvenes que se quieren conocer y se les pasa por la cabeza quedar a solas, por la noche, para salir.

¿Es pecado en sí mismo quedar a solas por la noche? No podemos decir eso. Sin embargo, esa quedada puede dar lugar a muchas cosas que sí conduzcan a pecados. Y para todos aquellos que quizá puedan estar pensando que esto es algo muy exagerado y que ellos son lo suficientemente espirituales para conocer sus límites y no necesitan poner tantas barreras, déjenme solo decirle qué tipo de personas suelen tener este pensamiento.

Por un lado, las personas inmaduras en la fe. Son los niños y no los adultos, los que no ven peligro en nada. Un niño sale corriendo tras una pelota que se va a la carretera o es capaz de irse dando un paseo con un desconocido. Son los adultos los que conocen los peligros que los rodean, los riesgos que hay, y se vuelven más prudentes. Son, por lo tanto, los maduros, que conocen realmente la condición de cada uno de ellos y sus debilidades; que son precavidos a la hora de tomar ciertas decisiones.

Por otro lado, las personas soberbias. Es muy fácil tener el pensamiento de 'otros han caído, pero a mí no me pasará'. Las Escrituras afirman que aquel que piensa que está firme debe cuidarse de no caer. Muchos son arrogantes ante la realidad de sus limitaciones, debilidades y tentaciones, y las enfrentan con altivez, pensando que nunca tropezarán, y terminan muchas veces pagando terribles consecuencias.

Deseo terminar con una tercera categoría, y son aquellos que ya se han vuelto tan insensibles al pecado que utilizan las frases como 'no tiene nada de malo', 'yo controlo mis impulsos', 'yo sé que no haré nada indebido' los que finalmente disfrazan con esos argumentos la verdadera realidad, y es que su espíritu está debilitado que pueden llegar a volverse insensibles ante las tentaciones de la carne, como aquel drogadicto o borracho que le dice a su familia que no deben preocuparse porque él puede parar cuando quiera, cuando realmente ya está preso de esas cosas.

No corramos riesgos innecesarios. Nuestra firmeza espiritual es demasiado valiosa como para arriesgarnos a enfriar nuestra fe como consecuencia de pecados que podíamos haber evitado si hubiésemos sido más prudentes.

A pesar de estos consejos, quería mostrar dos escenas donde dos mujeres tomaron también riesgos, que casualmente cambiaron su vida para siempre por la gracia y la misericordia de Dios.

Una mujer impura

Al ver la mujer que ella no había pasado inadvertida, se acercó temblando, y cayendo delante de Él, declaró en presencia de todo el pueblo la razón por la cual le había tocado, y cómo al instante había sido sanada. — Lucas 8:47

Esta mujer corrió el riesgo incluso de llegar a morir apedreada por lo que acababa de hacer.

En una condición de impureza había estado en medio del pueblo, de una multitud, posiblemente tocando en cierta forma a otras personas, algo totalmente prohibido por la ley en aquel entonces, incluso llegando a tocar el manto del Señor Jesús.

Una gentil sirofenicia

Sino que enseguida, al oír hablar de Él, una mujer cuya hijita tenía un espíritu inmundo, fue y se postró a sus pies. La mujer era gentil, sirofenicia de nacimiento; y le rogaba que echara fuera de su hija al demonio. — Marcos 7:25-26

Esta otra mujer, en un acto de desesperación, sabiendo que podía ser rechaza y que su atrevimiento podía tener trágicas consecuencias, decidió así mismo llegar a los pies de Jesús en busca del socorro necesario para la condición que enfrentaba su hija.

Ambas mujeres se encontraban en un momento de desesperación en sus vidas, una por causa de una enfermedad que nadie podía curar donde el flujo menstrual de la misma no cesaba en años y había gastado en médicos todo lo que tenía en busca de una cura. La otra, ante el dolor y la impotencia de ver a su hijita poseída por un demonio y la incapacidad de poder librarla.

¿Eran los hombres la esperanza de estas mujeres? ¡No! Solo Jesús podía cambiar la historia de ellas y por eso corrieron el riesgo, grande en aquel entonces, de hacer todo lo que fuera necesario, dejar a un lado las posibles consecuencias, para llegar a los pies de Aquel que todo lo puede, el Señor Jesús.

Por eso termino diciendo que, si existe un riesgo que sí te animo a correr en esta vida, es el riesgo de llegar a los pies de Jesús todos los días, de buscar más a Dios, de entregarte más en santidad, de mortificar más el pecado y de postrar tu vida cada vez más en sumisión al Todopoderoso, independientemente de las consecuencias que eso pueda tener.

No importa si nuestra reputación se pierde, si los amigos nos llegan a dar la espalda, si en el trabajo nos hacen a un lado o si en la escuela se burlan de nosotros. No importa si perdemos nuestros bienes como consecuencia o si recibimos incluso el rechazo de nuestra familia que tanto amamos. Si algo vale la pena en esta vida, es correr el riesgo de estar siempre a los pies de Jesús, porque ese es el mejor lugar y el más seguro en el que podríamos estar.

Veamos ahora entonces la actitud de Rut ante las instrucciones de Noemí.

Una posición peculiar

Descendió, pues, a la era e hizo todo lo que su suegra le había mandado. Cuando Booz hubo comido y bebido, y su corazón estaba contento, fue a acostarse al pie del montón de grano; y ella vino calladamente, descubrió sus pies y se acostó. Y sucedió que a medianoche el hombre se asustó, se volvió, y he aquí que una mujer estaba acostada a sus pies. — Rut 3:6-8

Tal y como Rut había dicho, hizo todo lo que Noemí le había pedido. Esperó a que Booz hubiese cenado, posiblemente luego de un día largo lleno de ocupaciones, se encontrase ya satisfecho y dispuesto a descansar. A medianoche, de forma sigilosa, Rut entró donde Booz se había acostado, descubrió ligeramente sus pies y se acostó en ese lugar.

Muchos consideran que la palabra 'contento' se refiere a un estado de embriaguez por la bebida, pero quiero resaltar que ni la bebida mencionada tiene por qué tener alcohol en sí misma ni la palabra contento es la utilizada para los borrachos o ebrios. Sin embargo, una traducción a mi parecer más adecuada, es la que afirma que el corazón de Booz estaba satisfecho, tal y como se siente el corazón de cualquier persona que tras un largo día puede sentarse a descansar y disfrutar de una rica y abundante cena.

Booz no estaba acostumbrado a lo que acababa de suceder, a que una mujer apareciera a medianoche en su lecho, ya que la reacción de éste fue la de sorpresa, literalmente se asustó. ¿Qué dijo entonces Booz a Rut?

Y él dijo: ¿Quién eres? Y ella respondió: Soy Rut, tu sierva. Extiende, pues, tu manto sobre tu sierva, por cuanto eres pariente cercano. — Rut 3:9

Era medianoche y seguramente no habría mucha iluminación en el lugar, es por ello que encontramos a Booz preguntando de quién se trata.

Rut, entonces, se presenta ante él como su sierva. Recordemos que su posición era de sumisión y humillación, reconociendo que ella era una sierva que estaba ante su señor.

Es entonces cuando Rut descubre sus intenciones ante Booz. Rut pide a Booz que extienda su manto sobre ella ya que se trata de un pariente cercano. Pero ¿qué quiere decir con esto?

Existen dos versiones posibles, las cuales me parecen lógicas y desearía comentar para no decantarme solo por una.

Primero, en la cultura Oriental, esa actitud podía significar que una mujer quedaría comprometida en matrimonio con un hombre, quedando ambos en cierta forma bajo el mismo manto y mostrando así su futura unidad como matrimonio.

La otra opción posible se centra en el hecho de la protección, pues cubrir a alguien con el manto representaba quedar bajo su protección.

¿Se han dado cuenta cuando los padres arropan en las camas a sus hijos? Es una señal de cuidado y protección hacia ellos.

Por otro lado, el mencionar que es un pariente cercano, y tal y como vimos antes, según la Ley que conocemos acerca del pariente redentor, puede mostrar que lo que Rut quería era que Booz se hiciese cargo de ella y Noemí para poder redimirlas de la difícil situación en la que se encontraban.

Lo que podemos ver es que Rut, a pesar de lo extraña de la escena, no tenía intenciones físicas o inapropiadas, sino que buscaba simplemente redención.

Una cosa interesante es que, en el idioma original, la palabra que aparece como manto, se traduce también como 'alas', es decir, que Rut podía estar pidiendo a Booz que la cubriera con sus alas.

Bajo las alas del Altísimo

El que habita al abrigo del Altísimo morará a la sombra del Omnipotente. Diré yo al SEÑOR: Refugio mío y fortaleza mía, mi Dios, en quien confío. Porque Él te libra del lazo del cazador y de la pestilencia mortal. Con sus plumas te cubre, y bajo sus alas hallas refugio; escudo y baluarte es su fidelidad.
— Salmos 91:1-4

Hemos visto que Booz es un tipo de Cristo, y así como Rut buscaba en el cuidado y redención, así mismo nosotros un día encontramos cuidado y redención a los pies de Jesús.

Realmente es sorprendente y llena mi corazón de gozo al leer que la palabra original para manto apuntaba también a alas, pues el Salmo que acabamos de leer se hace muy personal.

No hay mejor lugar para estar, como siervos del Altísimo, que, protegidos bajo sus alas, situados a su sombra, cuidados todo el tiempo por el Todopoderoso.

Así como Rut veía en Booz una fuente segura de protección y confianza, así nosotros, sabemos que no hay mayor seguridad y confianza que la que tienen aquellos que se encuentran en Cristo, redimidos, reconciliados con Dios y que ahora moran bajo las alas de su Padre Eterno.

¿Qué respondió Booz al pedido de la joven moabita?

Una mujer virtuosa

Entonces él dijo: Bendita seas del SEÑOR, hija mía. Has hecho tu última bondad mejor que la primera, al no ir en pos de los jóvenes, ya sean pobres o ricos. Ahora hija mía, no temas. Haré por ti todo lo que me pidas, pues todo mi pueblo en la ciudad sabe que eres una mujer virtuosa. — Rut 3:10-11

Booz alabó la buena obra que estaba haciendo Rut. Para él esta joven no era una mujer cualquiera, sino una bendita del Señor. Hermanas en Cristo, qué maravilloso sería que cuando las personas piensen en ustedes, las vean como benditas del Dios Altísimo.

Buenas acciones reconocidas

Y Booz le respondió, y dijo: Todo lo que has hecho por tu suegra después de la muerte de tu esposo me ha sido informado en detalle, y cómo dejaste a tu padre, a tu madre y tu tierra natal, y viniste a un pueblo que antes no conocías. — Rut 2:11

Él afirmó que la obra que estaba haciendo Rut ahora era mejor que la primera.

Booz era consciente de todo lo que ella había hecho, pues lo menciona en el capítulo anterior, sabiendo que había dejado su tierra, cuidado a su suegra, trabajado duramente, etc., pero reconoce que lo que está haciendo ahora es todavía más admirable.

Así que, a los ojos de Booz, y según la imagen que tenía de Rut, nunca se le pasó por la cabeza que pudiera tener segundas intenciones estando a sus pies.

Parece que Rut nunca pensó que Booz podría propasarse con ella y Booz nunca pensó que Rut querría algo más físico para con él. ¿Por qué? El testimonio de ambos era tan piadoso, sus vidas eran tan santa, que en ningún momento se les pasó eso por la cabeza.

A veces queremos que las personas no desconfíen de nuestras palabras o nuestras intenciones cuando nuestro testimonio pasado está lleno de mentiras o traiciones. Es como el marido que quiere que su esposa confíe en él cuando llega tarde del trabajo cuando antiguamente era un hombre adúltero que traicionó en muchas ocasiones a su mujer. Nuestros pecados tienen consecuencias, y a veces lleva años reparar el mal testimonio que hemos tenido.

Sin embargo, cuando durante años cuidamos un testimonio santo y piadoso, podemos llegar a conseguir, como en este caso, que las personas siempre piensen en cuanto a nosotros, que nuestras intenciones son piadosas.

Y ¿por qué le pareció esta obra mayor que la primera?

La ley es prioritaria

Y no os adaptéis a este mundo, sino transformaos mediante la renovación de vuestra mente, para que verifiquéis cuál es la voluntad de Dios: lo que es bueno, aceptable y perfecto.
— Romanos 12:2

Era más fácil, según las costumbres de este mundo, que Rut, siendo viuda y joven, dejase a su suegra y buscase rehacer su vida con un joven y rico que le diera una calidad de vida bien grande.

Sin embargo, no pensó en ella solamente, no buscó sus propios intereses, ni se movió solo por seguridad económica, sino que decidió acercarse a Booz, aun sabiendo que era mayor que ella, porque al ser un pariente cercano podría redimirla a ella y también a su suegra.

Rut puso por delante lo establecido por la Ley de Dios y el bien, no solo de ella, sino también de Noemí, que los intereses materiales o físicos que otra mujer podría haber tenido como preferencia.

Ese debería ser el deseo de todos los hijos de Dios.

El deleite de la obediencia

Me deleito en hacer tu voluntad, Dios mío; tu ley está dentro de mi corazón. — Salmos 40:8

Para el hijo de Dios la obediencia no debería ser un sacrificio o un yugo pesado, al contrario, hacer la voluntad del Padre debería ser un deleite para nosotros ya que su Ley ya no se encuentra en tablas de piedra, sino que está grabada en nuestros corazones.

Así como Cristo afirmó que su comida era hacer la voluntad del Padre, así mismo, nosotros deberíamos deleitarnos y disfrutar de anteponer la voluntad de Dios a la nuestra.

Algo que me resultó interesante es que, a pesar de que Rut se puso sus mejores galas, Booz pasó por alto su vestido y alabó otras cosas.

Booz no resaltó el vestido de Rut

Como anillo de oro en el hocico de un cerdo es la mujer hermosa que carece de discreción. — Proverbios 11:22

Este proverbio suena bastante feo al oído de muchas personas, puesto que viene a decir que una mujer que se adorna por fuera y no es piadosa por dentro es como un cerdo decorado con pendientes. Y recordemos que el cerdo, en ese contexto, es un animal totalmente impuro.

No significa que una mujer no deba cuidar su imagen, o que no deba arreglarse para su esposo, sin embargo, debemos comprender que no debe ser lo prioritario para un hijo o una hija de Dios.

Booz no resaltó el hermoso vestido que se había puesto Rut, sino que resaltó las buenas obras de la joven moabita.

En un mundo superficial, donde las personas exhiben cada día más sus físicos totalmente arreglados, aunque lo hagan mediante cirugía y prótesis de todo tipo, donde el culto al cuerpo está presente en todo el mundo, y donde la mayoría exhibe lo de fuera porque están totalmente vacíos de piedad y virtud por dentro, el Señor llama a sus hijos a cultivar, en primer lugar, las buenas obras y la piedad, pues es lo que realmente debería destacar de cada uno de ellos.

Además, Booz ha afirmado que no solo él ve a Rut de esa forma, sino que todo el pueblo que sabe de ella piensa que es una mujer virtuosa.

Es realmente interesante que son las mismas palabras y la misma expresión que aparece en el libro de Proverbios. Veamos entonces algunas características de esta mujer y si realmente las podemos encontrar en Rut.

La virtud de Rut

Mujer hacendosa, ¿quién la hallará? Su valor supera en mucho al de las joyas. — Proverbios 31:10

Mucho mejor que una mujer hermosa por fuera y que carece de piedad, mucho más valiosa que el oro, las perlas o los diamantes más valiosos, es aquella mujer que bíblicamente se considera virtuosa.

Cuando el Proverbio pregunta ¿Quién la hallará? da la sensación de que es alguien que escasea y que llegar a encontrarla es una bendición y un privilegio para aquellos que se casen con una de ellas, con quien la Biblia llama una mujer hacendosa.

¿Tenía nuestra joven moabita algunas características similares a las indicadas sobre este tipo de mujer?

Busca lana y lino, y con agrado trabaja con sus manos.
— Proverbios 31:13

Es como las naves de mercader, trae su alimento de lejos.
— Proverbios 31:14

Ella se ciñe de fuerza, y fortalece sus brazos.
— Proverbios 31:17

Estos tres versículos muestran a una mujer esforzada, trabajadora y que no se rinde a la pereza, sino que hace todo lo que está en su mano para conseguir sustento.

Cuando miramos a Rut nos encontramos a la joven trabajando largas horas bajo el sol, luchando todo el día por conseguir el sustento necesario y descansando lo mínimo para poder hacer todo lo posible y encontrar lo suficiente para ella y su suegra.

Además, en el capítulo anterior, vimos cómo cargó varios kilos de gavillas sobre sus espaldas que, desde lejos, desde los campos de Booz, llevó sola hasta la casa donde estaba Noemí.

Extiende su mano al pobre, y alarga sus manos al necesitado. — Proverbios 31:20

Podemos pensar que Rut no hizo ninguna obra de caridad con los pobres o necesitados en el relato, sin embargo, y sabiendo que no tenía ninguna obligación de quedarse al lado de su suegra tras enviudar, decidió ir con ella, cuidarla, obedecerla y trabajar para que ella también pudiera tener sustento siendo una mujer de edad avanzada.

Así que, encontramos en esta joven un corazón solidario y cuidadoso con el menesteroso.

Abre su boca con sabiduría, y hay enseñanza de bondad en su lengua. — Proverbios 31:26

Cuando vemos todas las conversaciones en las que Rut aparece, no la vemos una joven dada al chisme o las palabras insignificantes, no pierde el tiempo con habladurías o con un lenguaje soez o vulgar. No obstante, siempre que abre la boca lo hace con gracia, humildad y un profundo respeto hacia los que la rodean.

Engañosa es la gracia y vana la belleza, pero la mujer que teme al SEÑOR, esa será alabada. Dadle el fruto de sus manos, y que sus obras la alaben en las puertas. — Proverbios 31:30-31

Así que no es de extrañar que, tal y como menciona este pasaje que la mujer virtuosa sería alabada en las puertas, así la virtud y piedad de Rut no solo era conocida y mencionada por Booz, sino que todo el pueblo resaltaba y alababa las virtudes de la joven.

¡Qué Dios levante más hermanas que como la mujer virtuosa puedan ser alabadas por sus buenas obras, la cuales glorifican a su Señor!

¿Qué actitudes decidirá tomar ahora Booz? Veamos cómo sigue el texto.

Los cuidados de Booz

Ahora bien, es verdad que soy pariente cercano, pero hay un pariente más cercano que yo. Quédate esta noche, y cuando venga la mañana, si él quiere redimirte, bien, que te redima. Pero si no quiere redimirte, entonces yo te redimiré, vive el SEÑOR. Acuéstate hasta la mañana. Y ella se acostó a sus pies hasta la mañana, y se levantó antes que una persona pudiera reconocer a otra; y él dijo: Que no se sepa que ha venido mujer a la era. Dijo además: Dame el manto que tienes puesto y sujétalo. Y ella lo sujetó, y él midió seis medidas de cebada y se las puso encima. Entonces ella entró en la ciudad. Cuando llegó a donde estaba su suegra, esta dijo: ¿Cómo te fue, hija mía? Y le contó todo lo que el hombre había hecho por ella. Y dijo: Me dio estas seis medidas de cebada, pues dijo: «No vayas a tu suegra con las manos vacías». — Rut 3:12-17

Lo primero que vemos en Booz es que no accede directamente a redimirla personalmente. ¿Por qué?, ¿no le agradaba Rut?, ¿había algo en la joven que no le gustase a Booz? No era eso, sino que Booz sabía que existía un pariente todavía más cercano, y que, según la Ley, ese pariente tenía prioridad para tomar la decisión de redimirlas o incluso de casarse con Rut.

Quizá no era lo que realmente anhelaba su corazón en primera instancia, pero era lo establecido por la Ley del Señor.

Un hombre que antepone la ley

*Ahora bien, es verdad que soy pariente cercano, pero hay
un pariente más cercano que yo.*

Quizá el deseo del corazón de Booz era decir ¡Cómo no me casaría contigo! ¡No hay otra mujer como tú! ¡Corramos y unámonos ya en matrimonio! ¡No esperemos a mañana! Pero Booz no actuó por impulso o de forma emocional.

Puede ser que quisiera profundamente a esas alturas tomar a Rut por esposa, pero según la Ley, el pariente redentor que podía redimirlas, debía ser el más cercano, por lo tanto, le presenta a la joven otra opción que debe ser considerada.

Cuántas veces nos dejamos llevar por el corazón, el cual es engañoso, o por el impulso del momento, y descuidamos el pensar qué es realmente lo que agradaría al Señor que hiciésemos.

Cuántas veces no consideramos la voluntad del Señor, no reflexionamos en sus mandamientos, no pensamos en sus consejos, y nos movemos por nuestros deseos para tomar decisiones o ciertas actitudes.

Debemos orar para que, al igual que Booz, nuestro amor por la Palabra de Dios y sus mandamientos sea tan elevado que nunca pasemos por encima de ellos para hacer nuestra propia voluntad.

¡Cuánto amo tu ley! Todo el día es ella mi meditación. Tus mandamientos me hacen más sabio que mis enemigos, porque son míos para siempre. Tengo más discernimiento que todos mis maestros, porque tus testimonios son mi meditación. Entiendo más que los ancianos, porque tus preceptos he guardado. De todo mal camino he refrenado mis pies, para guardar tu palabra. No me he desviado de tus ordenanzas, porque tú me has enseñado. ¡Cuán dulces son a mi paladar tus palabras!, más que la miel a mi boca. De tus preceptos recibo entendimiento, por tanto, aborrezco todo camino de mentira.
— Salmos 119:97-104

Alguien que ama la Ley de Dios es una persona que no la visita esporádicamente para cumplir con alguna actividad religiosa, sino que la tiene presente para meditar en ella durante todo el día.

Alguien que ama la Ley de Dios reconoce que la sabiduría y discernimiento que ésta proporciona es mucho mayor que la de los hombres y es necesaria para nuestro diario vivir.

Alguien que ama la Ley de Dios no solo busca conocerla sino atesorarla en el corazón y guardarla con sinceridad.

Alguien que ama la Ley de Dios la recibe como miel dulce a su paladar, la pone en práctica alejándose de todo mal camino y consejo y lucha por permanecer firme en sus ordenanzas.

¿Quién lleva el timón del barco de tus decisiones y acciones?, ¿la Palabra de Dios o los deseos de tu corazón?

El peligro del corazón

Más engañoso que todo, es el corazón, y sin remedio; ¿quién lo comprenderá? Yo, el SEÑOR, escudriño el corazón, pruebo los pensamientos, para dar a cada uno según sus caminos, según el fruto de sus obras. — Jeremías 17:9-10

Vivimos en un mundo donde las personas constantemente, ante cualquier duda, y al consultar a sus amigos y familia, no es extraño recibir respuestas como 'haz lo que te dicte tu corazón'.

Las cosas más terribles de este mundo han nacido del corazón de los hombres. Según el profeta Jeremías el corazón del hombre es engañoso y perverso.

Si alguien te presentara a una persona y te dijese que dicha persona es engañosa y perversa ¿le confiarías tu vida?, ¿pondrías tus decisiones en sus manos?, ¿harías lo que esa persona te dijese? ¡Claro que no! Por lo tanto, debemos tener el mismo cuidado con nuestro corazón.

Las propias Escrituras afirman que del corazón del hombre nacen las envidias, los homicidios, las guerras, y toda clase de mal que hay en este mundo. Piensa en cada guerra, asesinato, violación o atrocidad que veas en este mundo, y recuerda que todo eso fue maquinado, deseado, codiciado y llevado a cabo primero en los corazones de los hombres. Es por ello que debemos guardarnos de dejarnos guiar por los impulsos del corazón.

Por el contrario, e incluso sabiendo que ahora somos regenerados, que tenemos un nuevo corazón, debemos reconocer que batallamos con el pecado remanente, y, por lo tanto, debemos someter todas nuestras emociones a Dios y pasar todos nuestros pensamientos por el filtro de las Escrituras Sagradas.

Otra cosa importante es que, en cierta forma, Booz estaba dejando todo en las manos de Dios.

Confiando en la soberanía del Señor

Pero si no quiere redimirte, entonces yo te redimiré,
vive el SEÑOR.

Booz sabía que había un pariente más cercano, al que le correspondía actuar como pariente redentor, y que en caso de que él rechazara hacerlo, entonces Booz sí podría tomar ese lugar como siguiente pariente en cuanto a cercanía.

Quizá Booz confiaba que, si realmente Rut debía ser su esposa, Dios haría que el otro pariente se negara a redimirla, y podría hacerlo él de forma totalmente lícita.

A pesar de que hablamos mucho del señorío de Cristo o de la soberanía de Dios, en términos prácticos, son muchas personas, incluso creyentes, los que siguen viviendo sus vidas como si fuesen sus propios señores.

Sin embargo, no sabéis cómo será vuestra vida mañana. Solo sois un vapor que aparece por un poco de tiempo y luego se desvanece. Más bien, debierais decir: Si el Señor quiere, viviremos y haremos esto o aquello. — Santiago 4:14-15

Estas personas que menciona Santiago eran aquellas que planificaban su futuro solo pensando en hacer negocios, en el dinero que ganarían, en las cosas que comprarían y en cuándo regresarían, sin embargo, se les recuerda que son totalmente limitados, que no saben tan si quiera si se despertarán al día siguiente, y que en lugar de vivir como si ellos estuviesen forjando su propio destino, deberían dejar sus vidas en las manos de Dios y descansar en su soberana voluntad.

Eso es lo que hizo Booz. No forzó la situación, ni intentó buscar un atajo posible, sino que aceptó lo establecido por la Ley, y descansó confiando que finalmente sucedería lo que el Dios soberano determinase para sus vidas.

Tras esta respuesta, vemos nuevamente el cariño y los cuidados que este hombre mostraba constantemente hacia la joven moabita.

Cuidando la reputación de la persona amada

Y se levantó antes que una persona pudiera reconocer a otra; y él dijo: Que no se sepa que ha venido mujer a la era.

A pesar de que las intenciones de Rut fueran buenas y que no hubiese pasado nada malo entre ellos dos, Booz es consciente de lo que podía pasar si las personas encontraban a la joven recostada a sus pies durante la noche o si alguien la encontrase por la mañana saliendo de la era.

La joven pasó la noche allí, durmiendo y descansando, pero a una hora bien temprana, salió para regresar a su casa sin que nadie la viera.

Para todos era una mujer virtuosa, su reputación era buena entre todas las personas, sin embargo, todo eso podía cambiar si la gente se enteraba que había pasado la noche con Booz, que había dormido allí y que había entrado a escondidas a medianoche cuando nadie pudiera verla.

Por eso, para que ni los siervos ni las criadas hablaran mal de Rut, para que no fuera difamada ni acusada falsamente y para guardar la reputación de la joven, Booz le sugiere marcharse temprano antes de que los demás se despierten o lleguen a sus puestos de trabajo.

Vemos una actitud similar en José, el esposo de María.

Y José su marido, siendo un hombre justo y no queriendo difamarla, quiso abandonarla en secreto. — Mateo 1:19

Todos conocemos la historia de José y María y el nacimiento de Jesús.

Es fácil empatizar con José y realmente dudar si una mujer llegase y le dijese a su marido que el Espíritu Santo la visitó y ahora está embarazada.

Muchos hombres quizá habrían querido matarla, poniéndola ante la Ley y consiguiendo que fuese apedreada. Otros habrían quizá difamado a la mujer por siempre o buscado su vergüenza en medio de todos. Sin embargo, esta no fue la actitud que tomó José, el cual era un hombre justo, piadoso y que amaba a María, con lo que quiso abandonarla en secreto.

En la cabeza de José las personas pensarían y dirían que la embarazó y luego la abandonó, es decir, que José cargaría con toda la culpa y la difamación y nunca más podría volver a su tierra, y todo por proteger la reputación de María por el amor que tenía hacia ella.

Nadie habla mal y difama aquellos a los que ama. Podemos corregir a nuestros hermanos, a nuestros padres y a nuestros amigos íntimos cara a cara, por amor a ellos, pero a sus espaldas nunca los difamaríamos, nunca los acusaríamos y nunca permitiríamos que nadie lo hiciese en nuestra presencia. Cuando amamos a alguien deseamos cuidar y honrar su reputación por el afecto que tenemos.

Es triste ver cómo en muchos matrimonios maridos y mujeres se difaman unos a otros entre amigos, e incluso entre hermanos.

Es triste ver cómo en la iglesia, en ocasiones, personas que dicen amarse como hermanos, hablan a espaldas destructivamente los unos de los otros.

Cuando cultivamos un verdadero amor por una persona, lo amamos en su presencia y en su ausencia, lo respetamos y honramos cuando está y cuando no está, y buscaremos siempre defender su reputación no dando lugar a falsas acusaciones, calumnias, difamaciones o actitudes inapropiadas contra esa persona.

Booz protegió la integridad de Rut y también la buena reputación que se había ganado.

Por si eso fuese poco, además, también decidió proveerle más sustento del que ya se había llevado previamente a casa.

Proveyendo lo necesario para la amada

«No vayas a tu suegra con las manos vacías»

Booz tenía en mente todo el tiempo las necesidades de Rut y Noemí y buscaba cubrirlas en cada oportunidad.

Ella no fue por provisiones y, a pesar de ello, él no la dejó marchar con manos vacías.

Porque nadie aborreció jamás su propio cuerpo, sino que lo
sustenta y lo cuida, así como también Cristo a la iglesia.
— Efesios 5:29

Una de las características de un esposo bíblico es que busca siempre
proveer para las necesidades de su esposa, sustentándola y cuidándola en todo lo que pueda necesitar.

El buen esposo anhela cubrir las necesidades de su esposa amada,
a todos los niveles, tanto las necesidades espirituales, emocionales y
materiales.

Así mismo, Booz estaba atento a todas las necesidades de Rut,
y del mismo modo buscaba cubrirlas en todo momento, para que
nada le pudiese faltar.

Nuevamente podemos ver en esas actitudes a nuestro Señor Jesucristo, el cual, como el perfecto esposo de su amada iglesia, provee
para su iglesia todo lo que ésta necesita, cuidándola y sustentándola
a todos los niveles.

Como maridos debemos buscar siempre estar preocupados por las
necesidades de nuestra esposa, queriendo satisfacer cada una de ellas
como alguien que las ama y las desea cuidar en cada área de su vida.

Llegamos al último versículo de este capítulo, el cual es uno de
mis preferidos de toda la escena que hemos visto.

No se trata de palabras de Rut o de Booz, sino en este caso, se trata de lo que dirá Noemí al recibir a la joven de vuelta en casa.

No descansará hasta redimirte

Entonces Noemí dijo: Espera, hija mía, hasta que sepas cómo
se resolverá el asunto; porque el hombre no descansará hasta
que lo haya arreglado hoy. — Rut 3:18

Los primero que Noemí le dice a Rut es que debe esperar.

A veces los jóvenes son un poco impulsivos (no digo con esto que la joven moabita lo fuese). Quizá Rut quería ver una respuesta más rápida, o quería ver otra reacción por parte de Booz, o una respuesta definitiva del pariente más cercano lo antes posible, sin embargo, Noemí le dice a su nuera que espere hasta ver cómo se resuelve la situación.

Una de las cosas que debemos aprender es a esperar en Dios.

Aprendiendo a esperar

Encomienda al SEÑOR tu camino, confía en Él, que Él actuará. — Salmos 37:5

La impaciencia ha llevado a muchos a tomar decisiones precipitadas.

Las prisas han llevado a muchos a cansarse en el camino y no llegar a dónde tenían previsto.

Y la falta de descanso en Dios ha conducido a muchos al afán y la ansiedad esperando soluciones a situaciones lo antes posible. Nuestra vida está en las manos del Altísimo y debemos tener descanso en ello.

¿De qué vale enseñar y predicar sobre la soberanía de Dios y actuar como si todas las cosas estuvieran en nuestro poder?, ¿de qué vale enseñar que la voluntad de Dios es buena, agradable y perfecta y afanarnos como si las cosas fueran a salir de una forma distinta, aunque a veces no sea la que queremos o la que llegamos a comprender?, ¿de qué vale que enseñemos a las personas que Dios nos guarda y es Todopoderoso y perdamos nuestras noches de sueño como si el control de nuestras vidas se hubiese escapado a su poder o cuidado?

Muchas veces nuestra teología no se aprecia en nuestra vida. Si creemos estas verdades bíblicas sobre la soberanía, el poder, el amor, la bondad y el cuidado de nuestro Dios, debemos aprender a depositar nuestra vida y nuestros caminos en sus manos y simplemente confiar y esperar en Él, encontrar descanso para nuestras almas afanadas y angustiadas.

Sin embargo, lo que más me llevó a pensar en Jesucristo nuestro Señor y Salvador, es lo que terminó afirmando Noemí.

Porque el hombre no descansará hasta que lo
haya arreglado hoy.

Noemí no sabe lo que realmente sucederá ni cómo se darán los próximos acontecimientos, sin embargo, tiene certeza de algo, que Booz no iba a parar ni descansar hasta solucionar la situación y asegurarse que finalmente la joven moabita y su suegra serían totalmente redimidas.

¿No descansarías seguro si te dijesen que todo quedará arreglado al final?, ¿si te garantizasen que finalmente todo terminará bien no estarías mucho más tranquilo? Es lo que Noemí acaba de hacer, asegurarle a Rut que serían redimidas, puesto que, si Booz se lo había propuesto, lo lograría.

Así mismo amado hermano, si Jesús decide salvar tu alma, tu alma será salva.

Como Dios es Todopoderoso y su voluntad es soberana, y como nadie puede ponerle freno a lo que decide hacer e impedir que cumpla sus propósitos, en algo podemos descansar, y es que, si ha decidido salvarnos, lo hará, pues puede hacerlo.

Observemos estas afirmaciones bíblicas y encontremos reposo en ellas.

Un redentor que nos sostiene con su intercesión

Por lo cual Él también es poderoso para salvar para siempre a los que por medio de Él se acercan a Dios, puesto que vive perpetuamente para interceder por ellos. — Hebreos 7:25

La palabra 'perpetuamente' nos indica que no cesará de interceder por los suyos.

Jesús está a la diestra del Padre intercediendo por aquellos que ha salvado y redimido por su preciosa sangre.

Cuando estaba en la tierra junto a sus discípulos lo vimos intercediendo por ellos, en la famosa oración sacerdotal que narra el Evangelio de Juan, y donde le encontramos orar por sus discípulos.

Él mismo afirma en esa oración que no ruega por el mundo, sino que ruega por los suyos, por los que el Padre le ha entregado. Además, afirma también que no solo ora por esos, sino por los que habrían de creer por la Palabra predicada por ellos.

Así es amado hermano. Jesús oró por ti incluso antes de que tú supieras quién es Jesús, y sigue intercediendo por tu vida, así como intercede por la vida de todos sus discípulos.

¿Existe acaso oración más poderosa o intercesión más segura que la del Señor y Salvador Jesucristo? A pesar de nuestras debilidades sabemos que, a la diestra del Padre, el Hijo intercede perpetuamente por los suyos.

Y no solo contamos con su intercesión, sino que además contamos con su poder.

Un redentor que nos sostiene con su poder

Y a aquel que es poderoso para guardaros sin caída y para presentaros sin mancha en presencia de su gloria con gran alegría, al único Dios nuestro Salvador, por medio de Jesucristo nuestro Señor, sea gloria, majestad, dominio y autoridad, antes de todo tiempo, y ahora y por todos los siglos. Amén.
— Judas 1:24-25

Así como Booz tenía poder y capacidad suficiente para redimir a la joven moabita y a su suegra de su condición, así mismo Jesús, nuestro Señor, no solo tiene poder para redimirnos de nuestra vana manera de vivir, sino que también tiene poder suficiente para guardarnos todos los días hasta el gran día final.

Dios ha prometido sostener a sus hijos en el camino e ir santificándolos, haciendo una obra de santificación progresiva en ellos mediante el Espíritu Santo y sosteniéndolos a pesar de sus debilidades por Su gran poder, con el fin de presentárselos a sí mismo el gran día final en gloria.

Si Dios quiere salvar a alguien y sostenerlo nada ni nadie lo podrá impedir.

Hermano, si tuviésemos que poner nuestra confianza en que nuestra eterna redención depende de nuestras fuerzas y capacidad, viviríamos en un constante desespero, puesto que sabemos que no somos totalmente perfectos y fallamos a Dios en diversas ocasiones, y que por nuestra perfección y mérito nunca conquistaríamos la eternidad gloriosa, pero en medio de todo eso, sin embargo, podemos descansar en que somos sostenidos en la carrera y en la batalla por el poder de nuestro buen Dios, quien ha prometido estar con nosotros todos los días hasta el final.

Así que podemos decir confiadamente, como Noemí le dijo a Rut, que Booz haría todo lo necesario para redimirlas, así mismo, sabemos que nuestra redención está segura en Cristo, sabiendo que no deja ninguna obra a medias, y que toda obra que inicia en la vida de cualquiera de los que ha decidido salvar, la perfeccionará hasta el día final.

Un redentor que termina lo que empieza

Estando convencido precisamente de esto: que el que comenzó en vosotros la buena obra, la perfeccionará hasta el día de Cristo Jesús. — Filipenses 1:6

¡Qué gran seguridad la que el Apóstol Pablo transmite a los discípulos! La plena certeza de que si Cristo ha empezado una obra en ellos la perfeccionará hasta el final.

¡Gloriosa confianza que hay en nuestros corazones en Cristo

nuestro Salvador!

Estas verdades no llevan a los creyentes a relajarse en una vida cómoda con el pecado.

Es muy común escuchar a personas decir que si enseñamos a alguien que su salvación está segura provocaremos que esa persona viva en pecado pensando que será igualmente salvo, sin embargo, eso no es cierto.

Así como nuestra salvación está segura, nuestro pasaje afirma que la santificación también lo es. Si Jesús ha empezado una buena obra en alguien, una obra de redención, esa persona, como Pablo afirma, será perfeccionada de manera progresiva a la imagen de Cristo hasta el día final.

Por lo tanto, hay dos verdades en este texto que están presentes en toda la Escritura y son, en primer lugar, que la salvación pertenece solamente al Señor y es segura. En segundo lugar, que la marca de aquellos que han sido salvos es su perfección, su santificación progresiva, su crecimiento a la imagen de Cristo día tras día hasta el final, y ambas cosas están claramente definidas en la Palabra de Dios.

Este pasaje le da consuelo al verdadero creyente, el cual ya ha muerto a su esclavitud al pecado y vive una vida en el espíritu en Cristo. Le da consuelo cuando pueda fallar al Señor, sabiendo que a pesar de su debilidad, si confiesa sus pecados y se arrepiente, Jesús, como abogado fiel, está a la diestra del Padre intercediendo y así siempre recibirá perdón por sus faltas, así mismo, que el poder y la obra de Cristo lo seguirán levantando siempre y santificando hasta el gran día en que se encuentren en gloria ante su Señor y Salvador.

CAPÍTULO 5

DE UNA MUERTE A UN NACIMIENTO

Introducción

Llegamos al capítulo final de este libro.

Ha sido un camino que inició con terribles sucesos, un ambiente trágico y un escenario totalmente desalentador, sin embargo, todo tenía un perfecto propósito en el plan perfecto y soberano del Señor.

A pesar de las situaciones difíciles que nuestros personajes han tenido que enfrentar, la mano del Señor ha estado presente mostrando su gracia y providencia a lo largo de los pasos que tanto Rut como Noemí iban dando juntas.

Hemos visto un regreso a Belén de dos mujeres, una suegra y su nuera que había puesto su fe y confianza en el Dios de Israel, y que contaron con la ayuda de Dios y su bendito favor mostrado a través de los cuidados y la provisión que Booz, un pariente cercano, había mostrado hacia ellas.

No solo vimos el esfuerzo y arduo trabajo de Rut, sino que pudimos llegar a ver los sentimientos que parecían brotar entre ella y Booz, hasta el momento en el que, tal y como observamos en el capítulo anterior, se vivió una de las escenas más difíciles de comprender, en plena noche, especialmente por la época y contexto en el que se registran los acontecimientos.

Booz deseaba poder redimir a ambas mujeres y casarse finalmente con Rut, sin embargo, y respetando la Ley de Dios, sabía que había un pariente más cercano que tenía prioridad en ello, y ahora tocaba esperar a ver la reacción y decisión de dicho pariente, lo cual nos dejará una enseñanza no menos importante.

La providencia en la redención

Y Booz subió a la puerta y allí se sentó, y he aquí que el pariente más cercano de quien Booz había hablado iba pasando, y le dijo: Eh, tú, ven acá y siéntate. Y él vino y se sentó.
— Rut 4:1

A pesar de que Booz tenía el firme deseo de casarse con Rut y redimir de su precaria situación a Noemí, sabía que la Ley de Dios daba la prioridad al pariente más cercano, y había uno antes que él.

Booz, en lugar de molestarse o pasar por encima de la Ley de Dios, como un hombre fiel y temeroso del Señor, había puesto su plena confianza en la soberanía del Altísimo, confiando que, si Rut era para él, las cosas se dispondrían de la forma necesaria.

El siguiente paso era buscar a dicho pariente lo antes posible y procurar resolver este asunto. Y, de repente, estando Booz a la puerta, ¿quién pasa justamente por el lugar? Aquel pariente al que tenía que buscar.

Este suceso nos recuerda que no existen las casualidades, sino la providencia de Dios que dispone todas las cosas según su perfecta voluntad.

No existen las casualidades

Ahora pues, no os entristezcáis ni os pese el haberme vendido aquí; pues para preservar vidas me envió Dios delante de vosotros. Porque en estos dos años ha habido hambre en la tierra y todavía quedan otros cinco años en los cuales no habrá ni siembra ni siega. Y Dios me envió delante de vosotros para preservaros un remanente en la tierra, y para guardaros con vida mediante una gran liberación. Ahora pues, no fuisteis vosotros los que me enviasteis aquí, sino Dios; y Él me ha puesto por padre de Faraón y señor de toda su casa y gobernador sobre

---

Uno de los pasajes que con más claridad nos muestra la providencia de Dios y su soberanía sobre todos los sucesos de la historia es la historia de José.

Sus hermanos se habían llenado de odio hacia él, habían vendido a su hermano y disfrazado todo como si hubiese muerto devorado por una bestia del monte. Dando a su hermano por perdido y olvidado, éste termina en la casa de un hombre que viendo su piedad pone todo bajo su cuidado. La mujer de dicho hombre intenta tener intimidad con José, sin embargo, lleno del temor de Dios éste se niega, y tras falsas acusaciones, termina en la prisión.

Los acontecimientos se siguen dando hasta que finalmente José, usado por Dios, es visto con gracia por parte de Faraón, el cual lo pone como su mano derecha, y en un tiempo de gran escasez, el cual José había previsto, muchas personas van a Egipto en busca de socorro. Y ¿quiénes aparecen en Egipto? Sus hermanos en busca de ayuda en tiempos de hambruna.

En lugar de verse lleno de rencor y rabia hacia ellos, José comprende que todo era un plan de Dios llevado a cabo de una forma misteriosa para ellos hasta entonces, pero que el propósito era que, colocando a José en ese lugar de poder, éste pudiera ser un libertador para sus hermanos y cuidara de la familia de su padre, a pesar del mal recibido de los mismos.

Muchos quizá puedan pensar que la traición de Judas, la captura del Señor Jesús, su tortura y posteriormente su crucifixión fueron frutos del azar, o de hechos que se fueron dando por casualidad, sin embargo, todo era parte de la providencia divina, escrito en la eternidad en su plan de redención, y que se fue sucediendo de forma perfecta a lo planificado por Dios, hasta que finalmente, en lugar de recibir mal, recibimos la salvación en Cristo cuando merecíamos realmente su ira y condenación.

Todo eso nos lleva a reconocer que el hecho de que el pariente más cercano de Rut, con el que necesitaban hablar urgentemente, pasase por delante de la puerta en ese instante, no fue casualidad, sino que fue la disposición del Señor para seguir cumpliendo el propósito que tenía en Booz, Rut, Noemí y en un plan mucho mayor.

No cabe la menor duda de que, suceda lo que suceda, Dios está en su trono y desde ahí gobierna todas las cosas.

Un Dios que gobierna todo

¿No se venden dos pajarillos por un cuarto? Y, sin embargo, ni uno de ellos caerá a tierra sin permitirlo vuestro Padre.
— Mateo 10:29

Estas palabras nos recuerdan la total y plena soberanía de Dios sobre todos los acontecimientos, desde los que puedan parecernos más grandes hasta los más simples y pequeños detalles.

Todo, absolutamente todo, está bajo el pleno dominio del Creador del Universo, quien hizo todas las cosas, quien las sostiene y quien las gobierna.

La historia de Rut nos vuelve a recordar, que no solo fue el plan que tenía para ella, Noemí o Booz, sino que nuestra propia historia, la del pueblo de Dios y la de cada uno de nosotros individualmente, está dirigida por el Señor.

Dios no pasa por alto nada en nuestra vida y ningún suceso, incluso los más trágicos, son frutos del azar o la casualidad. Nuestra vida está controlada por el Señor, guardada y cuidada por el Altísimo, el cual cumplirá su perfecto propósito, a su manera y tiempo, en cada uno de nosotros.

Veamos ahora el diálogo entre Booz y el pariente más cercano de Noemí.

La incapacidad del hombre en la redención

Y Booz tomó diez hombres de los ancianos de la ciudad, y les dijo: Sentaos aquí. Y ellos se sentaron. Entonces dijo al parien-

te más cercano: Noemí, que volvió de la tierra de Moab, tiene que vender la parte de la tierra que pertenecía a nuestro hermano Elimelec. Y pensé informarte, diciéndote: «Cómprala en presencia de los que están aquí sentados, y en presencia de los ancianos de mi pueblo. Si la vas a redimir, redímela; y si no, dímelo para que yo lo sepa; porque no hay otro aparte de ti que la redima, y yo después de ti». Y él dijo: La redimiré. Entonces Booz dijo: El día que compres el campo de manos de Noemí, debes adquirir también a Rut la moabita, viuda del difunto, a fin de conservar el nombre del difunto en su heredad. Y el pariente más cercano respondió: No puedo redimirla para mí mismo, no sea que perjudique mi heredad. Redímela para ti; usa tú mi derecho de redención, pues yo no puedo redimirla.
— Rut 4:2-6

Es interesante que cuando Booz habla con el pariente sobre el hecho de redimir a Noemí, aparentemente está de acuerdo y dispuesto a redimirla, sin embargo, cuando se le informa que Rut también está incluida en todo, y que debería casarse con ella, en ese momento el pariente más cercano rechaza todo lo que se había hablado y cede a Booz el lugar que tanto anhelaba y esperaba.

¿Qué podemos aprender de este suceso?, ¿por qué quería redimir a Noemí, pero negó casarse con la joven moabita?

Recordemos que el pariente cercano que las podría redimir debía ser una persona con capacidad financiera para poder hacerlo, así que este hombre, ya sea por sus tierras u otros negocios, era un hombre de condición social buena.

Cuando se le ofrece redimir a Noemí, él pensaría que implicaría tan solo dos cosas, pagar lo correspondiente a las tierras y posesiones del difunto marido de Noemí, que pasarían a ser de él; y cuidar de las necesidades básicas de la anciana, las cuales serían alimento y poco más. Así que, como todo un hombre de negocios, y calculando todo en su mente, ve la redención de Noemí como algo lucrativo para él que le permitiría todavía poseer más bienes.

Sin embargo, cuando se le dice que Rut está incluida, los cálculos ya no parecen tan favorables. Si se casaba además con Rut, tendría que darle una buena condición de vida, cubrir todas sus necesidades y tratarla con la dignidad propia de una esposa. Además, tendría que darle hijos, incluso con el fin de seguir manteniendo el nombre de la familia, y culturalmente sabemos que más de un hijo era lo usual, a los cuales también debería cuidar y mantener por largos años.

Considero que al pensar tan solo en su comodidad y bienestar material, no vio interés alguno en el matrimonio con Rut, y por ello finalmente cede el turno a Booz.

¿Qué podemos aprender de esto?

Tesoros en la tierra

No os acumuléis tesoros en la tierra, donde la polilla y la herrumbre destruyen, y donde ladrones penetran y roban; sino acumulaos tesoros en el cielo, donde ni la polilla ni la herrumbre destruyen, y donde ladrones no penetran ni roban.
— Mateo 6:19-20

El mayor interés del pariente cercano de Noemí no era el bienestar de ella o de su nuera, sino que era su propio interés.

El corazón de ese hombre estaba en la tierra, en las cosas pasajeras y materiales, en las cosas vanas y en su amor por las riquezas. Miraba sus propios intereses egoístas sin llegar a mover un solo dedo por el bien de otra persona que no fuese él mismo. Solo estaba dispuesto a ayudar si eso significaba ayudarse a prosperar más todavía.

El corazón de los hombres siempre ha estado centrado en sí mismos, tanto que el mayor dios al que adoran muchos hoy en día son sus propios deseos y pasiones.

El amor se ha vuelto un intercambio en el que la palabra incondicional y desinteresado no existe, sino que cuando ya no nos aporta algún beneficio lo podemos dejar y cambiar por otro.

Congregamos en iglesias mientras nos hagan sentir especiales y atendidos, pero en lugar de darnos a los demás y buscar servir a otros, nos vamos a otro lugar si no conseguimos ser el centro de las atenciones.

Somos capaces de alejarnos de todo aquello que nos haga algún beneficio a nosotros mismos, pues vivimos en un mundo que desde pequeños nos grita y enseña que debemos pensar y vivir en pos de nosotros mismos, ya que nadie más lo hará, volviéndonos, movidos por nuestro propio pecado, seres cada día más egocéntricos y narcisistas.

No podíamos esperar, por lo tanto, que el hombre pudiera redimirnos de nuestra naturaleza muerta y caída en Adán.

El hombre no puede redimir

Sin embargo, sabiendo que el hombre no es justificado por las obras de la ley, sino mediante la fe en Cristo Jesús, también nosotros hemos creído en Cristo Jesús, para que seamos justificados por la fe en Cristo, y no por las obras de la ley; puesto que por las obras de la ley nadie será justificado. — Gálatas 2:16

El pariente cercano, de alguna forma, nos hace pensar en la incapacidad del hombre de poder justificarse a sí mismo.

El hombre no puede hacer nada por la salvación de otro hombre, ni tan si quiera por la suya propia. Nada de lo que haga el hombre puede servir para su propia redención. Incluso sus mejores obras son contadas como trapos de inmundicia ante el santísimo y glorioso Dios eterno.

Es por ello que miramos a Booz, el cual pudimos ver en capítulos anteriores que nos hacía mirar a Cristo, como aquel que no buscó sus propios intereses, que no miró a sí mismo, y que decidió de corazón y por amor redimir a alguien en una condición pésima como en la que estaba Noemí, así como Jesús por amor vino a redimir a los escogidos del Padre que antes nos encontrábamos muertos en nuestros delitos y pecados, destituidos de la gloria de Dios, por naturaleza hijos de la ira, igual que todos los demás.

Es ahora donde nuestro texto continúa y podemos aprender algo nuevamente con la transacción que se llevará a cabo.

El pago en la redención

Y la costumbre en tiempos pasados en Israel tocante a la redención y el intercambio de tierras para confirmar cualquier asunto era esta: uno se quitaba la sandalia y se la daba al otro; y esta era la manera de confirmar en Israel. El pariente más cercano dijo a Booz: Cómprala para ti. Y se quitó la sandalia. Entonces Booz dijo a los ancianos y a todo el pueblo: Vosotros sois testigos hoy que he comprado de la mano de Noemí todo lo que pertenecía a Elimelec y todo lo que pertenecía a Quelión y a Mahlón. Además, he adquirido a Rut la moabita, la viuda de Mahlón, para que sea mi mujer a fin de preservar el nombre del difunto en su heredad, para que el nombre del difunto no sea cortado de sus hermanos, ni del atrio de su lugar de nacimiento; vosotros sois testigos hoy. — Rut 4:7-10

Cuando nosotros pensamos en transacciones económicas lo que nos viene a la cabeza es un apretón de manos y la firma de un documento, un contrato que deje por escrito todo lo acordado por las partes. ¡Cuán importante es entender que debemos recordar siempre que la Biblia es un libro marcado por la cultura oriental de aquel entonces y no la cultura occidental que conocemos!

Muchas de las cosas pueden resultar chocantes para nosotros, como lo que acabamos de leer. ¿Por qué se atestiguaba con quitarse una sandalia y darla a otro como cierre de un acuerdo?, ¿por qué era tan importante que ancianos estuvieran como testigos?, ¿y cómo que se acuerda un matrimonio donde la mujer ni siquiera está presente para decir si está de acuerdo?

El acto de quitarse la sandalia tenía que ver con la manera externa de afirmar que alguien se comprometía con la adquisición de algún terreno principalmente. Algunas personas creen que, bajo el texto de la promesa dada por Dios, de que la tierra que pisarían sería del pueblo de Israel, esa era una forma de mostrar un sentido de propiedad en la adquisición de una tierra o alguna otra transacción comercial.

Los ancianos eran personas de buena reputación que con su presencia como testigos garantizaban que si alguno mañana incumplía su palabra, ellos podían dar testimonio de lo que legalmente se había acordado ese día.

Y más allá de lo que muchos puedan pensar con la ausencia de Rut en ese trato que se está llevando a cabo, recordemos que Rut había estado previamente a solas con Booz y que este varón daba por hecho que ella estaba dispuesta a casarse con él, así que Booz sabía que Rut no iba a poner ninguna queja o impedimento al respecto.

¿Qué enseñanzas prácticas podemos extraer de lo que acaba de suceder?

Un acto de amor

Porque por gracia habéis sido salvados por medio de la fe, y esto no de vosotros, sino que es don de Dios; no por obras, para que nadie se gloríe. — Efesios 2:8-9

A diferencia del hombre que solo pensaba en sus propios intereses económicos, el acto que acabamos de ver está marcado únicamente por el amor.

El amor que podía haberse cultivado en el corazón de Booz hacia Rut al ver que se trataba de una mujer virtuosa en todos los aspectos, incluso la misericordia y compasión que podía sentir hacia la necesitada y desamparada Noemí, fue lo único que llevó a este acto de redención.

No hay un interés egoísta en Dios, ni tampoco ningún mérito en nosotros que pueda haber llevado al Señor a decidir redimirnos en Cristo como si fuese un negocio del que podría sacar algún beneficio.

Dios no tiene un vacío que debía llenar con nuestra presencia, o se siente solo y por ello decidió salvarnos para no estar solo en la eternidad.

Dios tiene a un ejército de ángeles que lo sirven y adoran perfectamente en el cielo, pero, incluso si no estuvieran los ángeles, si no hubiera nada creado, si Dios estuviese solamente, sería totalmente pleno y completo.

Eso nos recuerda que lo único que llevó al Señor a salvarnos y redimirnos en Cristo fue su soberana voluntad llena de una gran compasión y gracia que derramaría sobre nosotros en el Amado por su incontable amor.

Fuimos salvos por gracia, sin merecerlo, porque Dios nos amó y tuvo compasión de nosotros, aquellos que había escogido desde antes de la fundación del mundo.

Pero existe otro aspecto importante que desearía resaltar.

La redención implica un pago

Sabiendo que no fuisteis redimidos de vuestra vana manera de vivir heredada de vuestros padres con cosas perecederas como oro o plata, sino con sangre preciosa, como de un cordero sin tacha y sin mancha, la sangre de Cristo.
— 1 Pedro 1:18-19

Booz no se quedó simplemente con las tierras del difunto esposo de Noemí, o simplemente la pudo redimir con su palabra, sino que tuvo que pagar un precio. No era un acto gratuito, sino un acto que tenía un costo, y un costo que la persona redimida no podía pagar, y que tan solo podía suplir el redentor que iba a adquirir las tierras y posesiones para cancelar la deuda y el agravio.

Amados hermanos, cuando decimos que la salvación es totalmente gratuita, es cierto, lo es para nosotros, sin embargo, no fue gratuita para Jesús.

Pedro nos recuerda que nuestra redención tuvo un precio implícito, que no fue oro ni plata, sino algo mucho más glorioso, fue la preciosa sangre de Cristo.

Jesús pagó el precio como redentor que nosotros los redimidos nunca podríamos haber pagado. Le costó su sangre, le costó su vida, el Padre quiso quebrantarlo como dice el profeta Isaías, y en Getsemaní, aunque oró al Padre preguntando si fuese posible pasar ese cáliz de Él, se sometió a la voluntad del Padre, y con su sangre preciosa, roja carmesí, en aquella cruz, pagó por nuestra redención, algo que quedó totalmente sellado, consumado, y que, incluso, de forma todavía mucho más maravillosa, fue avalado mediante su bendita y poderosa resurrección, a través de la cual el propio Padre estaba certificando esta obra de redención y anunciando que ahora, los redimidos, los que están en Cristo, así como Jesús resucitó, un día también resucitaremos en gloria.

¡Maravillosa, bendita y gloriosa redención la que Cristo adquirió para nosotros!

Llegamos a los versículos finales de nuestro pasaje y de nuestro libro, y veremos ahora cómo tras la redención la vida de Noemí y Rut fue totalmente transformada. Una historia que empezó con muerte y miseria, ahora estaría terminando con gozo, con alegría y con una plena bendición, así como la nuestra, tras haber sido redimidos también.

La bendición de la redención

Y todo el pueblo que estaba en el atrio, y los ancianos, dijeron: Testigos somos. Haga el SEÑOR a la mujer que entra en tu casa como a Raquel y a Lea, las cuales edificaron la casa de Israel; y que tú adquieras riquezas en Efrata y seas célebre en Belén. Además, sea tu casa como la casa de Fares, el que Tamar dio a luz a Judá, por medio de la descendencia que el SEÑOR te dará de esta joven. Booz tomó a Rut y ella fue su mujer, y se llegó a ella. Y el SEÑOR hizo que concibiera, y ella dio a luz un hijo. — Rut 4:11-13

Las personas de su alrededor, los testigos de esta nueva unión, desearon la mejor de las bendiciones de Dios sobre la vida de este nuevo matrimonio.

Era muy común, a la hora de desear bendición para alguien, hacer referencia a personajes o lugares importantes para los judíos, como manera de comparar lo que deseaban para la persona en ese momento.

Menciona a familias que dieron muchos hijos y de las que surgieron las tribus de Israel, o pueblos que fueron bendecidos con abundancia material, pues era una forma de desearles una vida familiar fértil y bendición a todos los niveles. Era una forma culturalmente reconocida de desear el bien en todo para esas personas sobre las cuales se citaba y pronunciaba esa bendición.

Y así fue. Una historia que empezó con una mujer que perdió a su esposo y a sus hijos termina con una joven moabita, extranjera que ahora era una adoradora del Dios de Israel, incluida en el pueblo judío, a la que Dios había bendecido con el don de la maternidad y a la que el Señor le había regalado un hijo.

Así que la redención de Booz trajo sobre Rut la llegada de un hijo, sin embargo, la redención de Cristo trajo algo mucho mayor, trajo un pueblo bendecido en Él.

Un pueblo mayor que un hijo

Después de esto miré, y vi una gran multitud, que nadie podía contar, de todas las naciones, tribus, pueblos y lenguas, de pie delante del trono y delante del Cordero, vestidos con vestiduras blancas y con palmas en las manos. — Apocalipsis 7:9

Jesús no redimió a una persona o a una pequeña familia, sino que redimió para el Padre, por su preciosa y bendita sangre, a una gran multitud, una nueva familia en Cristo, formada por personas de todas las naciones, tribus, pueblos y lenguas.

Una de las cosas más hermosas que veo en nuestra iglesia local, en *Caminando Por Fe* en Barcelona, España, es la diversidad cultural de nuestra congregación. Actualmente somos alrededor de catorce distintas nacionalidades representadas, y cuando nos unimos a una voz en nuestras alabanzas a Dios cuando estamos rindiendo culto a nuestro Señor, me encanta mirar a esas catorce nacionalidades, a esa multitud de personas de distintos pueblos y naciones, adorando a una voz, pues como les digo a muchos, me anima pensar en esa gloriosa eternidad, con ese pueblo redimido tan grande que nadie lo podía contar, donde a una voz exaltaremos por siempre el nombre de nuestro bendito redentor y salvador Jesucristo.

Justo ahora, nuestro pasaje pone nuestros ojos, ya no en Booz y en Rut, sino en Noemí y en el bebé que acaba de nacer.

El nacimiento del redentor

Entonces las mujeres dijeron a Noemí: Bendito sea el SEÑOR que no te ha dejado hoy sin redentor; que su nombre sea célebre en Israel. Sea él también para ti restaurador de tu vida y sustentador de tu vejez; porque tu nuera, que te ama y es de más valor para ti que siete hijos, le ha dado a luz.
— Rut 4:14-15

Las mujeres que antes miraban a Noemí llenas de pena, aquellas que solo la veían como la viuda que perdió a su esposo e hijos, ahora se llenan con ella de gozo, y con la certeza de que es un regalo de Dios, bendicen al Señor porque le ha regalado un redentor a Noemí.

Pero, ¿un redentor?, ¿no la había redimido Booz?, ¿cómo siendo Noemí una mujer anciana iba a esperar a que ese bebé creciera y la pudiera restaurar? Obviamente quien se haría cargo del cuidado principal de Noemí no era este bebé, sino que lo haría Booz, entonces ¿a qué se referían esas mujeres?

Debemos recordar, que hace mucho tiempo, más de dos mil años, nació un bebé muy importante, mucho más que el nieto de Noemí.

Un redentor mucho mayor

Mas el ángel les dijo: No temáis, porque he aquí, os traigo buenas nuevas de gran gozo que serán para todo el pueblo; porque os ha nacido hoy, en la ciudad de David, un Salvador, que es Cristo el Señor. — Lucas 2:10-11

El hijo de Rut estaba siendo llamado por aquellas mujeres como el redentor y el restaurador de la vida de Noemí, sin embargo, un anuncio mucho más glorioso leemos en los Evangelios, y fue el nacimiento de Jesús, el cual no sería tan solo el redentor de María, sino que se trataba del Cristo, aquel que sería el redentor del pueblo de Dios.

Llegamos a los versículos finales con algo muy interesante, y es una pequeña y breve genealogía que tan solo nos llevará a dar un fuerte ¡gloria a Dios!

La redención de Noemí, de Rut y la nuestra

Entonces Noemí tomó al niño, lo puso en su regazo y fue su nodriza. Y las mujeres vecinas le dieron un nombre, diciendo: Le ha nacido un hijo a Noemí. Y lo llamaron Obed. Él es el padre de Isaí, padre de David. Estas son las generaciones de Fares: Fares engendró a Hezrón, Hezrón engendró a Ram, Ram engendró a Aminadab, Aminadab engendró a Naasón, Naasón engendró a Salmón, Salmón engendró a Booz, Booz engendró a Obed, Obed engendró a Isaí e Isaí engendró a David. — Rut 4:16-22

Obed, el hijo de Booz y Rut, es el abuelo del rey David.

Una mujer moabita, extranjera, terminó siendo parte del linaje de David, el que fuera rey de Israel.

Pero ¿Por qué le damos tanta importancia a esta genealogía?, ¿es acaso por el hecho de apuntar a David?, ¿o quizá fue con la intención de apuntar en otra dirección mucho mayor? Recordemos que toda la Escritura tiene como fin apuntar en una misma dirección, la de nuestro Señor y Salvador Jesucristo, así que miremos una nueva genealogía contenida al inicio del Evangelio de Mateo.

La genealogía del Mesías

Libro de la genealogía de Jesucristo, hijo de David, hijo de Abraham. Abraham engendró a Isaac, Isaac a Jacob, y Jacob a Judá y a sus hermanos; Judá engendró, de Tamar, a Fares y a Zara, Fares engendró a Esrom, y Esrom a Aram; Aram engendró a Aminadab, Aminadab a Naasón, y Naasón a Salmón; Salmón engendró, de Rahab, a Booz, Booz engendró, de Rut, a Obed, y Obed engendró a Isaí; Isaí engendró al rey David. Y David engendró a Salomón de la que había sido mujer de Urías. Salomón engendró a Roboam, Roboam a Abías, y Abías a Asa; Asa engendró a Josafat, Josafat a Joram, y Joram a Uzías; Uzías engendró a Jotam, Jotam a Acaz, y Acaz a Ezequías; Ezequías engendró a Manasés, Manasés a Amón, y Amón a Josías; Josías engendró a Jeconías y a sus hermanos durante la deportación a Babilonia. Después de la deportación a Babilonia, Jeconías engendró a Salatiel, y Salatiel a Zorobabel; Zorobabel engendró a Abiud, Abiud a Eliaquim, y Eliaquim a Azor; Azor engendró a Sadoc, Sadoc a Aquim, y Aquim a Eliud; Eliud engendró a Eleazar, Eleazar a Matán, y Matán a Jacob; Jacob engendró a José, el marido de María, de la cual nació Jesús, llamado el Cristo. — Mateo 1:1-16

Obed fue abuelo de David, sin embargo, lo más importante no es que Obed es parte de la genealogía de David, sino que Obed es otro paso más en la genealogía que llevaría finalmente al nacimiento del Redentor del pueblo de Dios.

No solo vemos en esta genealogía a mujeres como Rahab o Rut, las cuales eran extranjeras, ajenas al pueblo de Dios, sino que nos recuerda que, para los gentiles, para aquellos que pusieran su fe en el Redentor, también había esperanza de salvación.

Nosotros, como Rahab y Rut, éramos ajenos a la ciudadanía celestial, enemigos de Dios, rebeldes incircuncisos y aborrecedores del Señor, amantes de los placeres y del pecado, muertos espiritualmente, pero el Señor envió a su Hijo a nuestra vida, así como envió a Booz a la vida de Rut, para que nos pudiera redimir y ahora hacernos parte de la familia en Cristo.

Concluimos recordando que, como en tantas otras ocasiones, esta historia finalmente nos muestra que el relato no se trataba principalmente de Rut, Noemí, Booz o incluso Obed, sino que se trataba de Jesucristo y del plan de redención que en la eternidad Dios había trazado a través del Cordero de Dios que quita el pecado del mundo. ¡Gloria a Dios por nuestra Redentor! ¡Gloria a Dios por nuestro Salvador! ¡Soli Deo Gloria!

Nuestra meta es equipar a cada creyente con literatura de un *sólido* contenido bíblico que le permita profundizar en la Palabra de Dios y crecer en la madurez cristiana.

Síguenos en redes sociales
como **@montealtoes**

Puedes *adquirir* nuestros libros en:
www.montealtoeditorial.com